家にいながら
世界を広げ、どんな望みも叶えていく

女の法則

吉野さやか
Yoshino Sayaka

河出書房新社

MESSAGE

パートナーに恋心を抱き続ける可愛い女のまま、
家事も子育ても楽しみながら、
お金を稼げるようになりたいと思いませんか？

女なら、誰でもその才能を秘めています。

けれど、それが叶わないというのなら、
男がつくった社会に身を置いているからではないでしょうか。

子宮という臓器を持っている女性が、
男のルールで成功しようとしても、苦しくなるだけ。
子どもを産む・産まないに関係なく、
人類最強の潜在《せんざい》能力「産み育てる力」を持つ女性は、

男がつくった世界で生きるよりも、
子宮の声（腹の底から湧き出る声）を聴いて、
自分の居場所を自分で生み出すほうが合っています。

「女は家にいろ」というと古めかしい言葉に聞こえますが、
私はいろいろな女の生き方、生き様を体験してきて、
女は家にいることが、とても向いていると思うのです。

それは、家にいて何もするな、という意味ではありません。
むしろ、なんでも家でできて、
体力を温存しながらいくらでも稼げる、
お得なスタイルといえるでしょう。

自分自身の産み育てる力を思い出せば、
家事も育児も仕事もパートナーシップも、
楽しむ能力を育てていけるのです。

ただし、その過程でつまずくことが出てきます。
そのときやるべきことは、過去の清算。
世間で悪いと言われている感情を嫌い
本当の自分をひた隠しにして優等生を演じてしまった分、
うまくいかないことが勃発《ぼっぱつ》してくるのです。

でも、それもすべて自分を幸せにするために起こっていること。
勃発する課題があなただけの宝の地図となり、
ズレていた自分を本来の自分に戻すことで、

あなたの魅力や才能があふれ出していくのです。

女としての自分、妻としての自分、
母としての自分、嫁としての自分、
娘としての自分、経営者としての自分。
女はすべての役割を何ひとつあきらめることなく、
どん欲に生きていいのです。

女には女の叶え方がある。
女には女の愛され方がある。
自分のままで幸せになれる「女の法則」で、
あなたの命を輝かせてください。

はじめに

女には女の叶え方がある――これは、私が「子宮委員長はる」として活動していた頃から、ずっと伝え続けてきたことです。

女と男の違いは、子宮があるかないか。子宮は完成形の臓器です。それは、赤ちゃんという生命を産み出す臓器、つまり無から有を創り出す臓器であり、なおかつ、男と女の体を比べたときに対にならない唯一《ゆいいつ》の臓器だからです。

そんな未知であり、完璧な子宮って、まるで宇宙のようだと思いませんか？

女性が体内に宇宙を持っているのであれば、人脈も金脈も情報脈も、すべて自分のなかにあるわけです。

私はそれを証明したくて、ひたすら子宮の声（18ページを参照）、いわゆる本音だけを聴き続け、体を張って、この12年間実験と検証を重ねてきました。

東京で活動した7年間は、子宮委員長はるとして、世の中の重く気だるい女性たちの意識を引き上げようと、子宮の声を聴き続けて女性の潜在能力を体系化した「子宮メソッド」を開発。

子宮委員長はるをやりきって卒業したあとは、八木さやとして、長崎県の離島、壱岐島《いきしま》へ移住。子宮の声を聴いて、体の楽を選び、ヒキコモリ生活をしながら、年商5億円を達成。

そして今、島の神社の宮司さんと結婚し、吉野さやかとして、妻、母、嫁、女を楽しみながら、「主婦のまま億女」をかかげて、家で育児・家事・介護をしながらでも幸せにお金を稼げる主婦を目指し、「億女大学」を立ち上げました。

そのほかにも、美容、農業、歌手、神社運営、不動産経営など、どんどん夢が広がって、事業は拡大しています。

こうした現実から確信していることは、必要なことは全部、体（子宮）が教えてくれるということ。体の声に耳を傾けて生きるだけで、自分だけの成功法がわかり、願ったことが叶うのです。

それなのに、世の中にある成功法則といえば、男がつくったものばかり。女が男の成功法則を真似てしまうと、外に出かけることや、仕事ばかりに目がいってしまうので、お母さん業や妻業がおろそかになり、家庭内がガサガサになりがちです。

現在、キャリアウーマンになって、仕事がメインで恋愛や結婚をしない女性も増えてきていますが、女性として生まれてきたのなら、本当は幸せな恋愛、結婚をしたいのではないでしょうか?

私は、どんなにお金を稼いでも、旦那さんを好きでいたいし、素直に愛されたいと思える可愛い女でいたいと思うのです。


この本では、私の12年間の集大成ともいえる、女がこの時代を生き抜くための、そして、女が自分のままで愛されて幸せになるための「女の法則」を書きました。

子宮の声に忠実に生きる、というのは、ときに衝撃《しょうげき》であり、痛い思いもするでしょう。「本当の自分」と出会うまでには、おぞましいほどネガティブな感情(闇)を感じきる必要もあるかもしれません。それでも、子宮の声だけを溺愛《できあい》レベルで聴き続けていくだけで、奇蹟《きせき》は連続的に起こり出すのです。

これからお話しすることは、私が子宮の声を聴き続けた結果、女は家にいながら世界を変えていける！という壮大な物語です。この物語はまだまだ進行中で、終わりはありません。それくらい、子宮の声は深く、どこまでも女性の潜在能力を掘り起こしてくれるものなのです。

今、女でいることを心から楽しめていない方、願いを叶えたいといろいろな方法に取り組んだものの叶わずあきらめかけている方、本当の自分と出会って安心したい方、旦那さんや家族に愛されて幸せを感じたい方、家事や育児を楽しめるようになりたい方……。

この「女の法則」で、優しい世界を自分にプレゼントしてあげましょう。

女の力を発揮しながら、女の潤《うるお》いを忘れないまま思わぬ形で夢が叶う、そんな奇蹟を経験していただけたら嬉しいです。

吉野さやか

CONTENTS

はじめに 006
女性にとって「子宮の声」が大切な理由 018

女の法則1 子宮の声を優先する

子宮の声を聴けば、女は繁栄する 020
自分から湧き出る欲を満たすことは、他人の欲を満たすこと 022
体内にたまった感情は、下から上へ放出する 024
……本音じゃない悪口や愚痴は言っていい
女性ならではの世界の広げ方「脳スルー」 028
風の時代に飛ばされない土台づくりを 030
……地層に食い込むほどグラウンディングしたい
自分の中心を定めると、エネルギーは拡大する
体を置き去りにすると、女の幸せは逃げていく 035
……幸せになれない環境は採用しない
体に愛される自分になる 038

欲しいものを引き寄せる「おまたカイロ」 040
……股活だけで11億円！

女の法則2 置き去りにした過去の自分に気づく

未来創造は過去を回収するのが王道 046
……親の声に邪魔されない自分になる
過去の深掘りは宝探し 049
……あなたを幸せにすることしか起こっていない
親の呪縛と親への復讐 052
親の呪縛は、そこに才能が眠ることを示す宝の地図 056
……呪縛の発見は体の癒し
父親の呪縛からの大解放で、男への期待を外す 059
……結婚生活を暗くする「養われたい」気持ち
お父さんを大好きなのは、お母さんを嫌いすぎるから 063
……呪縛の解放で、親と心地いい距離感が保てるようになる

人生は親の枠のなかで生きる壮大なゲーム　066
あなたは親より幸せになっていい　068
親孝行は素晴らしい、と思うのは優等生マインド　070
世間体や常識を打ち破る瞬発力を鍛える　072
子どもは親の呪縛にかかりたがっている　074
……怒られたい子には怒ってあげる
「親から生まれた私」から「親は私の世界の登場人物」に視点を変える　078
物語の展開は最後まで見届ける　080

女の法則3　過去の自分とパートナーシップを結ぶ

自己否定はなくさない　084
自己否定の声が聴こえたら、真逆をやって反抗する　086
……自己否定が発生するほうを選ぶ
自分を不機嫌にさせる環境に置かない　090

タブーを選ぶドキドキ感はゴーサイン 092
……自分の世界が始まる瞬間
できるかもしれない、と思って前に進む「未来仮説メソッド」 095
……感情のコントロールは不自然
自分のダメなところを集める 098
……庶民だからなんでもできる！
呪詛を成立させない「次元変更メソッド」 101
……子宮の呪いに対して、噛み合わない返答をする
めんどくさいことはあなたの資源 106
……自分の世界にめんどくさいを放置しない
「〜したい」は魂レベルの栄養 109
……不快を快に変える
未完了の完了で波動を上げる「やったことリスト」 112
承認欲求の片付け方 115
……ブログセラピーで、欲を美しく出す
……自分の感覚を再現する練習をする
アンチコメントは愛されている証拠 120

憧れの人は、置き去りにした自分自身
……持つ必要のないプライドは捨てる 122
誰と結婚しても幸せになれる自分をつくる
……課題を与えてくれる最高の旦那さん 125

女の法則4
幸せの絶景は、未来への制限を外したところにある

古くて新しい最先端の女の像とは？
……女はパートナーを持ち、セックスをしていることが必要 130
望んだものはすべて回す「トルネード作業」 133
やりたくないことがやりたいこと 135
重いものの無重力化で地上は軽くなる
……女は不快をまるごと楽園に変えられる
……快楽で生きると魅力的になる 137
禍事と幸事はセット 141

……禍事の頂点に、幸せの種はまかれている
禍事のなかから次の使命が降りてくる　144
目標と夢の違い　146
……楽しく家庭菜園をしていただけで農業に発展
……自分を把握している人の「頭の中のお花畑」は広大
日本版引き寄せは、「むすひの思想」　150
……未来に起こる予想外を楽しむ
生活をエンタメ化する　154
……生活にかかるお金はケチらない
家は、女優のように喜怒哀楽を楽しむ舞台　158
……感情に素直になる
安心して生活できる場所から繁栄する　162
知っている未来が願いとなる　164
最高の家政婦が現れるためにやったこと　166
……新しい自分と出会うほど、望むものと出会える
自分は1ミリも間違っていない　170
必要なものは全部そろっている　173

女の法則5　女は家で億女になれる

日々の幸せを、大きく見える成功の景色にスライドさせる　176
自分に魅了される者が他人を魅了する　179
……我慢している人の欲は異常
家で億女をすることのメリットとデメリット　183
天職を探すのは、自己評価が低い人　185
自分ビジネスは主婦に優しい　187
……自分のなかにあるものをビジネスに活用する
女のビジネスは、ネガティブから生まれる　190
……ファンへのSOS発信から生まれた地域活性融資企画
人脈は広げるものではなく、出会うもの　193
……自分独自の発信が錨となって土台をつくる
リアルな自分とアバターの一体化で、世界へ繰り出せる　196
他力のサポートが入り出す思考の枠外し　198
……女ならお金にも男にもたっぷり愛されよう

成就する人は、自分自身への敬意を持っている　201
地球上のお金は全部私のもの　203
……所有規模が広がれば、出会いたい人と簡単に出会える
お金は生み出すものでなく、動かすもの　206
……「今」を逃さずお金を使う
「お金は出したら入ってくる」のカラクリ　209
支払いはお祓いであり、感謝　212
女は責任感があるほど力を発揮する　214
……女性が下半身を大切にすると、男っぽくなる
おわりに　218

女性にとって「子宮の声」が大切な理由

「子宮メソッド」は私の考え方の根幹ともなるものですが、なかでも、核となる「子宮の声がなぜ女性にとって大切なのか」について復習を兼ねてお伝えします。

下図は子宮をあらわしたもの。子宮も神社も「お宮」と言いますし、女性器の構造も、会陰《えいん》が鳥居で、膣《ちつ》が参道、子宮がお宮（本殿）という形に当てはまります。つまり、女性にとって子宮とはパワースポット。自分のなかにある「子宮という神社」を大事にして、子宮の声に従うことで、女性の可能性が開き、願いが叶い、幸せになれる、というのが、この本のベースです。

詳しくは『願いはすべて、子宮が叶える』（河出書房新社）をご覧ください。

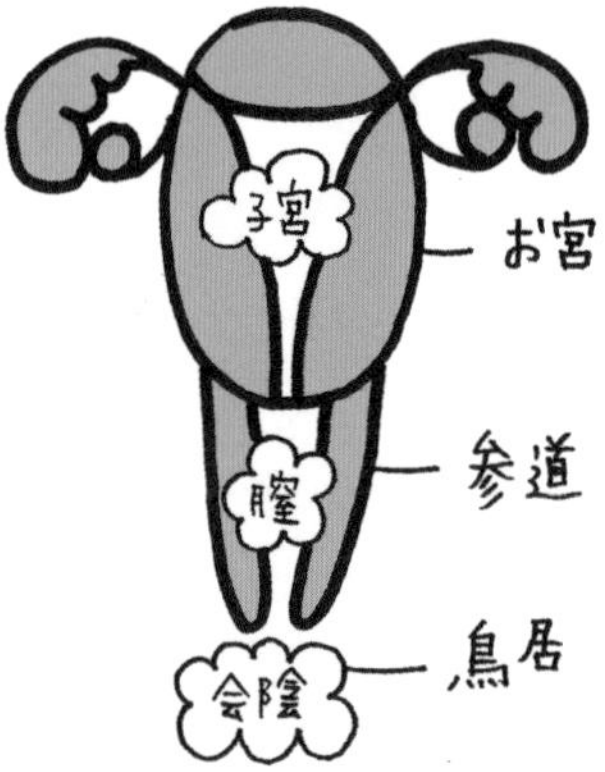

女の法則
1

子宮の声を優先する

子宮の声を聴けば、女は繁栄する

女の法則の大前提、それは、18ページでお伝えしたように、子宮の声を優先することです。

子宮の声とは、「〜したい」といった欲であり、本音。「トイレに行きたい」「ご飯を食べたい」「家でゆっくりしたい」「仕事を休みたい」「飲み会に行きたくない」「眠いからもっと寝ていたい」など、これらは全部子宮の声（腹の底から湧き出る思い）です。

一方で、なんだかモヤモヤする、イライラする、ワクワクするといった、言葉にならない悲壮感、絶望感、幸福感などの感情も湧き上がりますよね。人は、その都度湧き出る感情によって人生の彩りを感じます。ですが感情は、子宮の声をキャッチできず本音からズレているときのサインとしても発生すると感じるので、自分が何をしたいのかを考えるときは、感情にひっかからないように気をつけています。

たとえば、信じていた人に裏切られて心が怒りと悔《くや》しさに打ちひしがれているとき、感情に呑《の》み込まれてしまうと子宮の声がわからなくなりますが、その感情の先に何があるんだろうと感覚を研ぎ澄ましていくと、「相手に頼らず、私がやりたい！」といった子宮の声が聴こえてきます。

ですので、感情がプラスであっても、マイナスであっても、その感情がおさまってから子宮の声を聴いて、物事を決断したり決行したりしています。

もちろん冷静になれないときもありますが、**怒りにまかせて、喜びにまかせて、何かをするよりも、欲にまみれた子宮の声を聴くこと、それがどんなに腹黒い内容であっても、そんな自分に OK する。**私がやってきたことは、それだけです。

自分を律して優等生になるのではなく、自分のダメさやだらしなさを知る努力をしてください。本音がわからない人ほど、感情が際限なく湧き出てくるかもしれません。でも、感情の先には、必ず本音が隠れています。

その本音、子宮の声を聴いてあげることで、女は繁栄していけます。

自分から湧き出る欲を満たすことは、他人の欲を満たすこと

欲というと、悪いイメージがありますが、実のところ自分の欲というのは他人の欲でもあるので、大事にしてほしいのです。

欲は「〜してほしい」と他人に求めるから悪いイメージになるのであって、自分に求めて、自分で叶えれば、いいイメージにしかなりません。

たとえば私の場合、結婚して主婦業の大変さを知り、それならば、家事に育児に仕事にと、女性ばかりしんどくて負担が多い「主婦」のイメージを軽くして主婦革命を起こしたい、という自分の欲を満たすために「億女大学」を立ち上げました。

ところが、約1500人もの人が受講してくれて、「他では絶対に学べないことを学べました！」「面倒だった家事が楽しくなりました」などたくさんの嬉しい感想をいただき、みんなの欲を満たすことになって私のほうが励まされています。

また、日常のささいな欲、たとえば、「美味しいものを食べたい」「いっぱい寝たい」といった欲を満たすことも、周囲の人たちや、ご先祖様、神様からの「健康に生きてほしい」という欲を満たすことにつながっていますよね。

こんなふうに自分の欲を満たすことは他人の欲を満たすことにもなるので、やりたいことは、躊躇《ちゆうちよ》せずやってOKなのです。

やりたいことをやって自分の欲を満たすと、罪悪感が湧き出てきますが、罪悪感というのは生理現象。**気持ちいいことをしたあとには、必ず罪悪感が出るようになっているのです。**

ですから、罪悪感が出てきたらOKサイン。

自分の欲を見て見ぬふりせず、叶えてあげること。それは他人の欲を満たすことにもつながって、ゆくゆくは、あなた自身が発展していけるのです。

体内にたまった感情は、下から上へ放出する

なんだかわからないけれどイライラする、あの人の言葉がなぜか気になってしまうなど、はっきり「これ」といった原因はわからないけれど、自分の体内に言語化されていないモヤモヤとした感情を感じることはありませんか？　そのときは、そのモヤモヤした感情を自分の言葉で外に放出する、ということが大事です。

この体内にたまった感情はゴミとなって、人間関係をこじらせたり、病気を引き起こしたりするからです。また、子宮の声をわからなくさせ、体が重くなって、自分を動けなくさせてしまいます。

次章からは過去の自分を深掘りしていきますが、それはまさに、この体内にたまったゴミを出していく作業。ここでポイントとなるのは、自分の思いをのせて言葉にすること。ただ呑み込んだ言葉をしゃべっているだけでは、ゴミはそこにとどま

り続けてしまうからです。**まるで瞑想《めいそう》をするかのように丹田《たんでん》に意識を落とし、体内から放出する言葉に集中して、腹の底から出すことが大事なのです。**

たとえば、私は再婚してから島の高齢者たちに嫁扱いされることが多くなりました。嫁なら家に尽くすことが当たり前、といった生き方を押し付けられそうになるたび、「あなたの嫁と同じにするな！」という怒りと、モヤモヤした気持ち悪さが残っていました。

そもそも今まで、嫁の立場を気にすることがなかったので、よく考えたことはなかったのですが、「嫁」というものを観察すると、何かに尽くす生き方しか知らない女の無知さが、「嫁なら家に尽くすのが当たり前、自分のことは二の次」という価値観を受け入れてしまうのだと思ったのです。

実際、私は好きなだけ自分の仕事をして、好きなだけ寝て、好きなだけ飲み歩いていますが、それでも何ひとつ押し付けてこない旦那さんのおかげで自由に生きています。それなのに、なぜ嫁扱いされて小さくなっていたんだろうと思ったら、腹の底からドスの利いた声で、「女なめてんじゃねぇぞ」と聴こえてきました。

久しぶりの子宮からの爆音の声に泣いて笑いましたが、こんなふうに腹の底から出てくる言葉を出すことが大事です。その場で言えたらいいのですが、すぐに出てこないことのほうが多いので、出てきたときに感情をのせて一人で声に出してもいいし、パートナーなど誰かに話してもいいし、ブログなどで綴《つづ》ってもいいでしょう。

腹の底からの声が出せると、自分はどう生きたいかが明確になりますし、誰かに常識的な生き方を押し付けられても、「わたしはあなたを生きられないし、あなたの奴隷《どれい》ではない」と自分自身の輪郭《りんかく》が整ってきます。

本音じゃない悪口や愚痴は言っていい

よく、悪口や愚痴《ぐち》は言ってはいけない、という教えもありますが、私は悪口や愚痴を言う自分にOKを出していれば、言っていいと思っています。誰かに認められるためにいい言葉だけを使って生きていたら、感情がたまって絶対病気になってしまいます。

実際、私は会社員時代に、子宮の病気になりましたが、我慢してためこんできた感情を言葉として吐き出していくことで治った経験があります。抑圧してきた感情を口から言葉として出すことで、体はどんどん健康になっていくのです。

ちまたで言われている「引き寄せの法則」、それを私流に言うと、体内の言葉（子宮の声）と口から出る言葉が一致したときに、その言葉のエネルギーが採用されて、空気中に漂《ただよ》っている粒たちによって拡大し、願望を現実にしてくれるのではないかと思っています。

だから、悪口も愚痴も言ってもいいし、落ち込んでも大丈夫です。

私もよく落ち込みますが、それが悪いわけでなく、そう思わせられているタイミングなだけ。抑圧した感情を放出する、ただの自然現象です。

「私って人気ないんだな」「なんで私ばかりこんな目にあうんだろう」など、何が出てきても、本音ではないのですから、思わせてあげればいいのです。

体内にたまった感情はどんどん言語化していきましょう。女の願いの叶え方は、下（子宮）から上（口・言葉）へ。これは、すべての基本です。

女性ならではの世界の広げ方「脳スルー」

子宮メソッドでは、「子宮の声（本音・女性性）」と「頭の声（思考・男性性）」の2つがあるとお伝えしていますが、体内から言葉を吐き出す作業を続けていくと、いい意味で分裂している自分に気づきます。

「私、そんなこと思っていたの⁉」と自分に自分がびっくりするのです。それくらい、本音と思考は全然違うものなんです。

無意識に生活していると、本音を見ずに頭の声だけで生きてしまいます。すると、せっかく子宮から湧き上がってきた声に気づかずに、思考で「それは無理でしょう」「できないよ」と否定してしまうことに。

それって、すごくもったいないと思いませんか？

それなら、頭の声はいらないかというと、そういうわけではありません。頭のお仕事は、下から湧き上がってきた欲望をそのまま許可してあげること。

許可するといっても、「はい、許可します」といちいち検閲《けんえつ》したり、「そんな自分でも許そう」と立ち止まったりするのではなく、下から放出されるものにはすべて「OK!」と何も考えないで出させてあげるのです。

私はこれを「脳スルー」と呼んでいます。脳スルーができるのは、頭の声が子宮の声を信頼しているから。頭の声は「男性性」、子宮の声は「女性性」をあらわしているので、自分のなかの男性性と女性性のパートナーシップが円滑《えんかつ》になるほど、脳スルーができるようになるのです。

脳の最大の能力は、欲望に対する許可。子宮が「私こうしたい」「これやりたい」「これ言いたい」という欲望に対して、邪魔せず、好きなようにさせてあげられる状態になると、自分の世界を広げていくことができるようになります。

これこそ、女性特有のビジネスセンス。いちいち行動を止めない、「脳スルー」を楽しんでください。

風の時代に飛ばされない土台づくりを

今、さかんに「風の時代」と言われていますが、風の時代に飛躍するために必要なこと、それは土台づくりです。土台づくりができていなければ、風の時代に飛ばされまくって、迷走して戻る場所がなくなってしまうからです。

では、土台づくりとは何かというと、自分の居場所づくりであり、その居場所に根付く意識とも言えます。

自分の居場所とは、自分が力を発揮できる場所のこと。居場所がないと、男のつくった社会で理不尽な思いをして生きることになりかねませんが、子宮の声に従って自分の居場所に根を張ることで、女は自分の力を取り戻すことができるのです。

私自身のことでいえば、この壱岐島にもっともっと根付きたいと思っています。

地元民でないからこそ、「壱岐の人になりたい」という強い思いを持っていましたが、どこまでも根付く意識を選択し続けていったら、何が起きるんだろうといった興味があるからです。

大木は地中深くまで根が張っていますよね。根が深くなればなるほど、枝や葉は必然的に増えていきます。人間も大木と同じように、とにかくグラウンディングすることとさえしていれば、人間関係も仕事もお金も勝手に大きく巡るのです。

地層に食い込むほどグラウンディングしたい

島に移住した最初の2年間は、壱岐島に根付くことを強く意識していた時期です。一軒家を購入したのは、もともとこの島に骨をうずめるつもりだったから。私自身も「またどこかに行ってしまわないか」と半信半疑なところがあったので、自分をこの島にがんじがらめにしてやろうと、5000万円かけて家をリフォームして、敷地内にお店を作ったり、土地を購入して農業を始めたりして、どんどんグラウンディングしていきました。

また、観光地としてモニュメントとなる神社をつくったら、縁あって近畿地方の格式高い大きな神社から「下照姫《したてるひめ》」が御祭神として入ることに。

さらには、結婚相手となった宮司さんが、壱岐島で一番古い神社の跡継ぎだったことを考えると、私に根付く意識があったからこそ、神様が来てくれて、この島に一番深く食い込んでいる結婚相手が現れたのでしょう。

自分の土台づくり、根付く意識を強く持っていたので、今までで最高の年商も稼げたのだと思います。

今は、結婚して夫と三人の子どもたちと暮らし、青森に住む妹夫婦や両親まで移住してくれることになり、グラウンディングしている地層に食い込むくらい何層も下げた感じがあります。強いていえば、自分が地中に深く沈んでいくイメージです。

根が育てばその上の幹や葉や実は勝手に育っていくものなので、しっかり根を張り巡らせて、思い切り地中に深く沈みたいのです。

そして、**根付くほど感じられるのは、家族という小さなコミュニティのなかでの**

信頼関係や絆の大切さ。以前はお金を稼ぐほど人間不信になっていましたが、今は、どれだけ稼いでも家族だけは味方でいてくれると思えるので、安心してどこへでも羽ばたいていけるのです。

自分の中心を定めると、エネルギーは拡大する

私の場合、たった一人で離島に来たため、土地に根付くことが大切なグラウンディングでしたが、それと同時に、自分の発信に責任を持って集中するセンタリング作業も、大切な土台づくりとなりました。

誰も共感してくれなくても、「私はこれをやりたい！」というものを覚悟を決めて発信することが、船の錨《いかり》のように自分の居場所に深くグラウンディングすることとなり、突き抜けるほど良質な人脈が広がって、ビジネスもどんどん広がっていったのです。

表参道にお店を開いたり、サンディエゴに呼ばれて講演をしに行ったり、ステージで歌を歌ったり、ミュージカルをしたりなど、根付けば根付くほど、沈めば沈む

ほど、帰ってくる場所があるから安心してどこまでも飛べるのでしょう。**根付く意識があると、自分のエネルギーフィールドはどんどん大きくなるのです。**

インターネットやSNSの発展で、誰でも影響力を持ち、誰でもお金を稼げる時代だからこそ、自分だけの居場所づくり、根付く意識、といった土台づくりがとても大事になるのです。土台が甘いと、ちょっと影響力を持った途端に、勘違いを起こして、ぴゅーっと飛ばされてしまいます。

本格的な風の時代において、自分の居場所という「土台」をつくること。ここを忘れないようにしてくださいね。

体を置き去りにすると、女の幸せは逃げていく

私にとって、自分自身の一番身近にあるものは体。**「自分は体にくるまれていて、その外側に景色（見えている世界）がある」**という感覚です。

ほとんどの人は、見えている世界が自分を包んでいる、と思っているかもしれませんが、私の感覚では、もう一層深いところ（脳の松果体《しょうかたい》あたり）に目がついていて、最初に当たる壁が皮膚。自分が自分の肉体のなかにいて、体が自分をくるんでくれている感覚です。

体のバイオリズムは、天体とリンクしていますから、体は宇宙、地球とつながっています。

そう考えると、体が教えてくれる情報は、偉大だと思いませんか？

私は「おなかすいた〜」「トイレに行きたい」「眠い」といった体の声を大切にし

ています。それらはささいな声に聴こえるかもしれませんが、私のなかでは、自分をくるんでいる体からの欲求なので、爆音なわけです。

体の欲求とは、言い換えると「体の夢」です。だから、体が発する日常のささいな欲求を叶えていくと、体は自分自身を信頼して、大きな夢も叶えてくれるようになっていくのです。

「自分の欲ばっかりで大人げない」と思われるかもしれませんが、私は「純粋な欲だけで生きてごらんよ」と思います。

「自分の体＝宇宙、地球」ですから、小さいけれど純粋な欲を叶え続けていくうちに、「自分のやりたいこと＝人類にとって必要なこと」となる可能性だってあるのですよ（ストレス発散からの欲はズレてしまうので、そこは見極めが必要です）。

幸せになれない環境は採用しない

これまでの時代は、男女平等といった観点から、女性も男性と同じようにという考え方が植え付けられてきました。けれど、生理や妊娠、出産、産後の体調など、体のイベントが多い女性は男性と同じ条件で張り合えなくて当然です。

それなのに、生理痛でも自由に休めない環境で無理して生きていたり、産後で体調が安定しないときにすぐ仕事に復帰したり、ホルモンが急激に狂う更年期に苦しい思いをしながら出勤したり。これでは、当たり前に幸せになれるわけがありません。

そうした環境が悪いわけではなく、その環境を自分に採用していることが問題なのです。

もっと、自分のホルモンの波や天体イベントの波に乗って生きられるよう、自分の環境を整えて、体の夢を叶えてあげましょう。

妊娠、出産ができる女性の体は、宇宙と地球とつながって、生と死といった命により近いのです。それくらい、**女は命を感じる繊細《せんさい》な体を持って生きているのだから、その体を置き去りにしないこと。**

それが、女の幸せの鉄則です。

体に愛される自分になる

やる気が起きない、変化することがめんどくさいと、現状維持にとどまりパワーダウンしてしまう。そういう人は、栄養が足りていない可能性があります。

若い頃は食事から栄養をとればいいのかもしれません。けれど、年齢を重ねるにしたがって、体は老化していきます。老いとは栄養がどんどん失われていくこと。だからこそ、健康な体をつくるために栄養をとる必要があるのです。

食事から栄養をとるだけでは十分ではないと感じる場合は、自分に合ったサプリで栄養を補うのもいいでしょう。

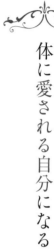

私は、以前から人より元気なほうだとは思っていたのですが、サプリをとり始めてから、最近はさらにパワーアップして超元気！

家が広いので移動するだけで運動になりますが、それ以外の運動はまったくしていないにもかかわらず、朝から晩まで家事に仕事にと動いていても平気なのです。

健康になれたら終わりではありません。**本当の意味で健康になったら、その先に広がる現実創造の世界が見えてきます。**実際、体の調子がよくなると、世界は明るく見えるのを実感しています。

人生の波乗りを楽しむためには、波乗りできるだけのパワーが必要ですが、そのパワーがないということは、普段から体の欲求を叶えず奪い続けているからではないでしょうか。

自分自身を振り返ってみると、私は体に愛されているな、って思います。

体からしてみたら、足りない栄養を与えてくれるし、なんでもいうことを聞いてくれるから、「さやちゃん大好き。こっちもさやちゃんのために頑張るよ。あなたの体でいられることが幸せです」という感じだと思うのです。

生き方を変えたいのなら、栄養をとってみてください。体が欲しているものを与えてあげることで、元気がみなぎってきますよ。

欲しいものを引き寄せる「おまたカイロ」

子宮の声（体の声）を聴くことが大事と繰り返しお伝えしていますが、「子宮の声がわからない」という方は、物理的に子宮まわりを温める「股活《またかつ》」をしてみましょう。『願いはすべて、子宮が叶える』（河出書房新社）で詳しく書きましたが、子宮のまわりには、毛細血管が張り巡らされているので、おまたを温めることで毛細血管（脈）の血流がよくなり子宮が活性化していきます。

この脈は現実世界の人脈、金脈、情報脈にも対応しているため、脈が拡大し巡るほど、現実世界でも願いが具現化し、拡大していくのです。

そこで、私がみんなにおすすめしているのが「おまたカイロ」。子宮委員長はるを始めた頃から、女性器に意識を向けポカポカの子宮にするためにミニサイズの

「貼るカイロ」を布ナプキンに貼ってパンツに当てていましたが、ここ1〜2年面倒になってやっていませんでした。

ところが、会社の資金がショートし、支払わなければいけない税金1億円分が足りなくなってさすがに落ち込んでいたとき、「そうだ、おまたカイロをしてみよう！」と思い立ち、おまたカイロを復活してみたのです。

そうしたら、払わなくてもいい固定資産税が返ってきたり、国から手当をもらえたり、稼いだときに使った3億円の減価償却費に助けられたりと、お金の巡りがよくなり、無事税金を支払うことができたのです。深刻に悩んでいたけれど、おまたを温めるだけで解決してしまったのです（笑）。

なぜそうした現実が起こるのかというと、股活をすることで体の巡りがよくなり、それに呼応した自分の外側のエネルギーが巻き込まれたのではないかと思うのです。つまり、**体の循環をよくしておくと、本人は動かなくても世界が巻き込まれてくるのです。**

女性が引き寄せ体質になるためには、股活は基本中の基本です。

股活だけで1億円！

おまたカイロをすると、まずのどにきます。第2チャクラ（子宮）と第5チャクラ（のど）がつながっているので、今まで我慢してきたものを、のどを通して出したくなるのです。

これは、先ほども話しましたが、エネルギーのゴミ。罵詈雑言《ばりぞうごん》が出る人も多いと思います。その最中は苦しいですが、出し切るとやりたいことが湧き出てきます。

抑圧してきた感情は子宮まわりの血管を埋めるほどあって、たまねぎのように何枚も皮がむけるような構造になっています。**抑圧してきた感情、自分をブロックしてきたものに気づくと1枚ずつむけていきますが、その中心部にあるものは、その人の能力、才能、力。**

抑圧してきた感情がある人ほど才能の持ち主で、その感情とひとつひとつ向き合うことで、才能レベルまで解放していくことができるのです。そこに希望、才能があるからこそ、気づけるように自分へのブロックを重ねてきているわけです。

抑圧した感情がたまっている人ほど、取り組むと怒り狂っているかのようになるかもしれませんが、それは自分が抑圧してきた本音。親や世間や常識に合わせて自分を抑圧し、自分が小さくなってしまった分、股活をしてひとつひとつ感情を動かさなければなりません。

股活に真剣に取り組むと、血流、神経が巡り始め、潤い、筋力、柔軟性ができてくるので、自分からわざわざ外に求めにいかなくても、人脈、金脈、情報脈のほうから寄ってくるようになります。

私は離島で1週間車に乗らないこともあるくらい引きこもっていますが、股活によって、4年間で11億円を稼ぎました。こんな田舎にいますが、実際に動かす世界はグローバルです。

子宮委員長はるを始めた頃は、未熟な恋愛カウンセラーからの出発でしたが、抑圧した感情を解放していくうちに、今はいろいろな才能が開花して多方面にビジネスを展開するようになりました。

抑圧してきた感情を解放していけば、子宮の声を叶えてあげたいと思えるようになるので、本当は誰もがセンスよく自分の能力を開花することができるのです。

まずは、おまたカイロで子宮まわりを温める。日々、股活を取り入れてみてくださいね。

女の法則
2

置き去りにした過去の
自分に気づく

未来創造は過去を回収するのが王道

理想の暮らしや、理想の自分に近づこうとして、いろいろな知識を得たり、いいと言われる方法を試したりしている人は多いのではないでしょうか？

私は、そもそも**過去を回収していないと未来を創造することはできない**と考えています。**過去の回収とは、過去に傷ついた自分に気づいて、そこを越えていくことです。**

たとえば人と関わるときに、信じても裏切られるのではないかという気持ちがぬぐえないなら、まず、子どもの頃にお母さんに気にかけてもらえず怒られてばかりで悲しかった、などの癒《いや》されなかった感情を直視します。

そして、置き去りにした過去の自分に「大丈夫だよ」と言ってあげて、「怖くても信じてみよう！」と送り出してあげるのです。

過去を回収しなくても、理想の未来を創造することはできるのかもしれませんが、私はそれが許せません。本当の幸せだと思えないからです。

過去にこじれて絡《から》まったままの自分を置き去りにして、ぐちゃぐちゃの自分のまま幸せになろうとするのは不潔《ふけつ》だと思うのです。整理できた清々《すがすが》しい自分で未来に進んでいきたいから、片付いていない問題は片付けたい。どういう自分で自分を幸せにしてあげたいかに関して、強い潔癖症《けっぺきしょう》なのでしょう。

親の声に邪魔されない自分になる

なぜ、未来を見て現実創造をするよりも、過去を回収したほうがいいかというと、何かにチャレンジしようとするとき、親に言われたことが邪魔をするからです。

たとえば、「女優になりたい」と思っても、「やっぱり無理かも」という気持ちが湧いてくるなら、「そんな夢みたいなことばかり言って、食べていけないよ」「もっとちゃんとしないと認めてもらえないよ」などといった親の声が邪魔しているからです。そこを越えていかないと、本当に自分がやりたい未来を創造することはできません。

過去の回収は未来創造に不可欠ですが、過去の回収を完璧に終わらせることはできません。置き去りにした過去は、あまりに多すぎるので、すべての回収はできないからです。

たとえ今世《こんせ》の分が回収できても、先祖代々続く家系の過去、過去世というふうに、過去の回収はどんどん深くなっていきます。それでも、過去の自分を迎えにいって、過去の自分を救った分だけ、親の声に邪魔されず、自由を手に入れることができるのです。

私は、過去しか見ていません。ポルシェ並みのスピードで進みながらも、いつも後ろしか見ていません。

それが未来創造の一番の近道だと思うのです。

過去の深掘りは宝探し

傷ついた過去を深掘りするというと、しんどいし、重いし、面倒な気分になるかもしれませんね。

けれど、私からすると、過去の深掘りは宝探しをしている気分です。

最初は思い出すだけでもつらいものでした。でも、**たくさんの過去を回収してきて、そのたびに宝物に出会えたことから、今では何か問題が起こると、「今度はこの課題を解いてみよ」といった数式に見えるようになりました。**

たとえば、嫁姑問題。今は誤解が解けて、お姑さんと仲良くなりましたが、結婚当初は、嫁姑問題に関して悲しい思いをしていました。

もともと島内で嫌われていた私と結婚した彼は、私を守ろうと親に言わずに婚姻届けを出したため、彼の実家には電話が鳴りまくり。彼の家族は激怒し、彼の親類縁者からも結婚を反対され、私も週刊誌に追いかけられたりで、島中大炎上したのです。

そんな状態だったので、神社の仕事を手伝うこともできず、お姑さんと平和的に話せるわけもなく、長い間冷戦状態にありました。

でもあるとき、なぜ、旦那さんの仕事を手伝って姑や周囲にも認められる嫁をして、自らお姑さんの下に入ろうと思っていたんだろう、と気づきました。

そして、「私は日本一幸せな神社の嫁なのかもしれない」と思いました。むしろ関わらないでいられるなんてラッキーなのかもしれない、私を自由にさせてくれる旦那さんって最先端の男なのかもしれない、と思ったら、とても心が穏やかになったのです。

あなたを幸せにすることしか起こっていない

嫁姑問題で悩んでいたのは、姑に認められるために、世間に認められるために生きることが正しい、といった世間体があったから。私は神社の嫁なのに、何もしないで自分の好き勝手に生きていることに罪悪感を抱いていることを知りました。

過去の深掘りをしていくと、固定観念や世間体、集合意識などを無意識に取り込んでしまった結果、問題が起きていることに気づかされます。

つまり、**考えが混乱しているだけで、現実は間違っていないのです。混乱している考えは、あなた自身ではありません。**

「なんでこんなことを引き寄せてしまったんだろう」と落ち込む人もいますが、それは、せっかく与えられた数式をはじいてしまうことになるのでもったいない、と思うのです。

そもそも、現実は自分を幸せにすることしか起こっていないのです。ならば、自分の現実に起きているつらいこと、そこには絶対何かが隠れているはず。だから、それがわかるまでずっと数式を解いているのです。

その答えに出会うたび、数式が解けて豊かさが増えていきます。

親の呪縛と親への復讐

恋愛の悩み、お金の悩みを抱えている人は多いと思いますが、実はそれらは親との関係に密接に関わっています。

心理学を学んでいる人ならご存じでしょうが、親からの「呪縛《じゅばく》(別名、ブロックとも言います)」という言葉があります。それは、幼少期の経験がその後の人生に影響し、自分のパターンや行動をつくってしまうというもの。

大きくわけると、父親の呪縛とは、お金やビジネス、願望実現、成功意欲に関するもの。たとえば、怖くて起業できない、いつもお金に不安がある、夢はあるけど叶える体力や能力を持っていないなど、仕事で実力を発揮できなかったり、パワーダウンしてしまうのは父親の呪縛。社会的に影響力を持てず、金銭的な悩みを持つことで、父親に「ほらね、あなたがちゃんと教えてくれなかったからよ」と復讐《ふくしゅう》しているのです。

一方、母親の呪縛とは、パートナーシップや恋愛などの人間関係、結婚観に関するもの。いつも恋愛が長続きしない、男に対する理想が高すぎる、人目を気にしてしまうなどは、母親の呪縛。不幸な恋愛を繰り返しては、「あなたが愛してくれなかったから、恋愛がこじれてしまうのよ」と、また、人目を気にして自分らしく生きられないことで、「あなたが私を丸ごと受け入れてくれなかったから、人の期待に応えようと顔色をうかがってしまうようになったのよ」と復讐しているのです。

つまり、**経済や社会性に関する悩みはお父さんのせいで、人間関係や愛情面の悩みはお母さんのせい、**ということです。

本当はすべて自分で選んだ人生なのに、呪縛を解放しないと、全部相手のせいにしてしまうのです。

しかも、どれだけ親から経済的に自立して、自由に恋愛していても、メンタルやマインドは常に親の影響下にあって拗《す》ねている自分がいる限り、自立できていない子どものまま、ということなのです。

親との関係性が人生の9割を決める、という話を聞いたことがありますが、私は9割どころか、10割だと思っています。

私自身は子宮委員長はるを始める前に、親の呪縛の話を聞いて、そんな自分をなんとかしようと活動してきました。母親の呪縛から逃れるために恋愛が下手くそな自分を解放し、父親への復讐を終わらせるためにお金に挑《いど》んできましたが、生きている限り、呪縛から完全に解放されることはなく、呪縛があるから、癒されないから、人は進化することができるのです。

だから、ひとつ呪縛を見つけたら「今度はどんな呪縛と出会えるんだろう」と楽しみに待っていていいのです。

次に、親の呪縛リストをのせました。あなたはどれくらい親の呪縛がありますか？ チェックしてみてくださいね。

父親の呪縛

□いつもお金に対する漠然《ばくぜん》とした不安がある

□やりたいことがあっても、お金を理由にあきらめたり躊躇したりすることが多い
□お金の管理ができない
□仕事でいつも結果が出せない
□自分の能力に自信が持てない
□人生に対する意欲が湧かない
□夢はあってもチャレンジできない

母親の呪縛

□恋愛でいつも同じことで悩んだりつまずいたりする
□人間関係が深まることへの怖さがある
□つい人の期待に応えようとしてしまう
□恋愛に対して苦手意識がある
□人の目が気になってしまう
□主婦業は得意ではない
□生活に不満が多く、未来に希望が持てない

親の呪縛は、そこに才能が眠ることを示す宝の地図

親に言いたかったことはなんですか?

でも、親に言いたかったことを、今親に対して言うことはおすすめしません。親にぶちかまして、親に理解してもらえたところで、自分自身に納得いくわけはないと思うからです。**言えなかった本音で自分を呪うのが、親の呪縛のからくりです。**

前に、過去の回収は宝探し、と言いましたが、**「過去の傷＝呪縛」の根っこはその人の能力です。**しかし、本音をぶちかましただけで本人が何にもチャレンジしないのなら、また呪縛へ逆戻りになってしまいます。それは、痰壺《たんつぼ》の中身を飲むかのように、吐いたものをまた飲み込まなければいけないという、かなり気持ち悪い行為です。

親に吐き出したい言葉は、自分の能力・才能なのです。

たとえば、「恋愛に臆病《おくびょう》になったのは、お父さんとお母さんがいつも喧嘩《けんか》ばかりしてたからだ！　不幸せな両親のせいで、私は一生独り身かもしれない……」と思っているなら、その人は断然「結婚で幸せになる才能」の持ち主。呪縛を解いた先には、超幸せな結婚、超幸せなパートナーシップを結べる才能があるからこそ、不幸な結婚を呪縛に設定したのです。

親の呪縛は文字通り、自分を呪って縛る足かせになっているもの。過去に傷ついたからこそ呪縛になっているのですが、それは**生まれるときに「ここに宝があるから見つけてね」と自分と約束したことを思い出すための「宇宙マーカー」**だと思っています。だからこそ、宇宙マーカーに気づいて足かせが外れると、自分の欲に従って、スイスイと軽やかに人生を進めることができるようになるのです。

たとえて言うなら、徳川埋蔵金と同じ。何かにつけて足かせになる親の呪縛に対して嫌悪感を抱きがちですが、それは、嫌がらせではなく、あなたの才能も能力も金脈も人脈も、全部ここにあるんだよ！と教えてくれているサインなのです。

呪縛の発見は体の癒し

さらにいうと、呪縛を発見するということは、体を健康にもすると思っています。呪縛を発見するとき感じるのは心の痛み。その呪縛が大きければ大きいほど、精神的激痛で、それとともに体の具合も悪くなることがあります。

それは、自分の傷ついた細胞に光が当てられたということ。精神的な気づきは確実に体にもリンクしているので、発見することは体の癒しにもつながるのです。そして、その痛みから逃げずに、自分の力で越えていこうとするとき、怖さも生まれます。でも、怖いということは、そこに答えがあるということ。

怖いからやらないという人もいますが、それは未熟です。**怖さがあったら、そこに答えがあるのかもしれないと思って進む、それでこそ、自分の才能・能力開花につながり、成熟していけるコツ。**親の呪縛を発見して、親に言われたり、されたりしたことを気にする人生から、自分の足で立つ人生に変えていく。すると、世界は素晴らしい、ということがわかります。

父親の呪縛からの大解放で、男への期待を外す

「億女大学」では、「母親の呪縛、父親への復讐」を講義内容にしましたが、その課題に向き合うなか、私自身10年以上出てこなかった父親の呪縛が出てきました。

それは、何年も何年もためこんだ、父親への怒り。大黒柱だった祖父に甘え実家でのんびりと暮らしていた父と私は感情の接触がなく、どちらかというと、嫁として夫の家に入って文句ばかり言う母のほうが苦手でした。

だから、まさか父親に対する怒りがあるなんて思ってもいなかったのですが、過去を深掘りしていくと、男に対して猛烈《もうれつ》に怒っていた自分に気づいたのです。

そして出てきた父親に対する渾身《こんしん》の怒りが、

「オメエがしっかりしてねぇーから、私が頑張って、こんなに金稼ぐ羽目になったんだわーーー!!」

という文句（笑）。

次に出てきたのは、私の三人の結婚相手にも共通する「役立たずがー!!」という文句。そして男全般に対して「男絶滅しろー!!」という、死ぬだけじゃ物足りなくて、男という種族そのものがいなくなってしまえばいい、という猛烈な怒り。

さらには、「男の全部を奪ってやる！」といったおぞましい感情。そして行き着いたのが、「そんな何もなくなった男の全部を愛してやる」だったのです。

自分に対する正直な気持ちが出てきて、それがどんどん愛に変化していくことも清々しい体験でした。

すると、男に対しての期待が消えて、すごく楽になり、夫婦関係がスムーズになりました。くだらないことに私のお金を使い込むし、散らかしっぱなしで、家のことを何もしてくれない！と思っていた旦那さんへのイライラが減ると同時に、朝早起きして子どもを学校に送っていってくれるなど、やってくれていることが見えてきたのです。

私は過去、本来誰もが持っている「性」への欲求と徹底的に向き合うために、風俗嬢をしていた時代がありましたが、ブログで風俗嬢だったことを書いても旦那さんは何も言わないし、「神社の嫁なんだから、ああしろ、こうしろ」とも言わないし、昼まで寝ていても「まだ寝てる～♪」と機嫌がよさそうだし、すごく自由にさせてもらっているんだ、と気づけたのです。

加えて、大きな呪縛の解放で体も心もスッキリしたせいか、肌ツヤや髪の毛の調子が以前より格段によくなった、という嬉しいおまけもついてきました。

結婚生活を暗くする「養われたい」気持ち

なかには、「楽したい」と思って結婚する女性もいると思います。

たとえば、それぞれ別々に住むより一緒に住んだほうが家賃もかからず節約になる、仕事をやめたいから旦那さんの稼ぎをあてにして結婚する、といった人も多いのではないでしょうか？

楽になりたいから結婚したい、というのは、「養ってほしい」という男の人への期待が満々ですよね。そうなると、何か家事を頼んだときに「ごめんなさい」という気持ちが湧いたり、旦那さんの仕事がうまくいかなくなって稼ぎが減ったときなどに痛い目にあってしまうのです。

パートナーが期待通りにならないことで勝手に束縛されているように思いがちですが、それは幻想。

自らがかかっている親の呪縛でそう感じるようにできているのです。呪縛があることに気づけなければ世界を暗くしてしまいます。

私はイライラが微塵《みじん》もない状態にしたい。本当に幸せな結婚をこの世で体現することは、可能かもしれないと思っています。

お父さんを大好きなのは、お母さんを嫌いすぎるから

ときどき「お母さんは嫌いだけど、お父さんは好きでした」という人がいますが、じつは、お父さんを好きだったわけではなく、お母さんを嫌いすぎて、お父さんのほうがよく見えていただけです。

お母さんの嫌な部分をお父さんは持っていなかったから、お父さんが好きに見えた、ただそれだけのこと。お母さんの嫌な部分が目について、強く印象に残っているのです。

なぜそう言えるのかというと、母親の呪縛も父親の呪縛も同じレベルで存在するからです。一人の人間のなかには男性性と女性性が両方存在していますが、母親は女性性、父親は男性性の象徴で、女性性が30％開花している人は男性性も30％開花

している、というふうに同じだけ開花（成熟度合）します。

「私は女子力が全然なくて、男性性ばかり開花して、女性性は開花していない」というのは間違いで、女性性が開花していなければ男性性も開花していません。

ですので、54ページのチェックリストで、母親の呪縛はたくさんついたけれど、父親の呪縛は一個もつかなかったという人も、じつは母親と同じだけ父親のほうもチェックがついていると思ったほうがいいでしょう。


私も、母親の嫌いな部分が目につきすぎて、父親を嫌ったことはありませんでしたが、先ほど話したように「お前が役立たずだから、私が金稼ぐ羽目になったんだわー！」という呪縛があったことに気づき、びっくりしたのです。

たとえば、ゴルフ三昧《ざんまい》で楽しそうにしている父親に対して、母親が文句ばかり言って不幸そうな場合、暗い雰囲気の母親よりは、明るく楽しく過ごしている父親のほうが好き、と思うかもしれません。けれど、潜在的には、母親を苦しめている父親に「ちゃんと女に向き合えや、勝手なことばかりしやがって！」と怒りを抱いていたりします。

そして、その呪縛に気づかずにいると、自分の父親と同じような人と結婚するのです。文句を言いたくなる人を旦那さんに選び、うまくいかないことで父親に復讐しているわけです。「ほら、いい結婚ができなかったのは、あんたのせいよ」と。

呪縛の解放で、親と心地いい距離感が保てるようになる

母親を嫌いな人は、父親も同じくらい嫌いです。「お父さんのことが大好き」と言っている人ほど危険！

そもそも「嫌い」とか「好き」とか言っている時点で呪縛にかかっています。**呪縛がなければ、どんな親であっても一人の人として、他人として、距離をおいて安心して見ていられるものです。**他人が勝手なことをしていても、私には関係ないと思いますよね。それと同じ感覚です。

父親が好きでも嫌いでも、母親が好きでも嫌いでも、呪縛がある証拠。呪縛をひとつひとつ解き明かしていくことで、あなたの本当の人生がスタートするのです。

人生は親の枠のなかで生きる壮大なゲーム

母親のようにはなりたくない！

そう思って生きてきた人も、多いのではないでしょうか？

私もその一人。夫の実家で同居して、大家族のなかで嫁として生きる大変そうな母を見て、母のような〝普通〟の結婚はしたくないと思っていました。

嫁いで、子どもを産んで、跡継ぎ製造機のような結婚……これが私の思う女の普通だと思っていたので、その普通から逃げるように、旦那さんと血のつながらない子どもを産んでみたり、セックスのない結婚をしてみたりして、「どうせ私は幸せになれない」と大きな遠回りをしていたのです。

けれど、今の旦那さんは三人の子どもたちを連れてきてくれて、いきなり〝普通のお母さん〟が始まったのです。自分の母親のように姑や親戚に悩み、旦那の愚痴を言い、働きながら家族にご飯をつくって、子育てに悩んで……。

今、自分の母親と同じ景色を見るなか、日々起こる奮闘が幸せすぎて、「私の母親は幸せな女」だったんだと気づいたのです。

母のようになることから逃げてきたけれど、本当に逃げていたのは「幸せなお嫁さん」になることでした。嫌だと思ってきた母の生き方を真似することで、今ようやく理想の結婚の形にたどりついた気がします。

どう反発しても、遠回りしても、結局母と同じところに還《かえ》ってくるという人生に降参するしかないのです。

還暦を過ぎてから青森から壱岐島に移住してきてくれた両親。あれだけマザコンだと思っていた父が、結局、青森にいる親を捨てて妻を選んだところも、**「父親はいい男だった」**し**「母親は幸せだった」という承認をしなければいけないくらい、親に対する誤解を解き続けるのが人生なのです。ずっと親の枠のなかで生きる壮大なゲーム。**「お母さんみたいになりたくない」と思って避けてきたものがあるのなら、それを真似することで、反発してきた人生に降参できるのです。

あなたは親より幸せになっていい

親を見ていて、「親のようにはなれない」と思うことは、ありませんか？

たとえば、人徳もあって賢くて社会的地位もあるお父さんのようにはなれない、仕事も家事も子育てもちゃきちゃきこなしてパワフルに動くお母さんのようにはなれない、など。

芸能人や政治家には二世として活動している人もいますが、親が有名すぎたり、親を尊敬しすぎたりすると、なかなか親を超えられなくて苦しんでしまう人も多いようです。

親が偉大すぎて、「親のようにはなれない」と思っているのは、裏を返せば「なれるものなら、親のようになりたい」と思っているということですよね。

でも、顕在意識《けんざいいしき》では「親のようにはなれない」とあきらめているということは、親とは、子どもの限界値に君臨《くんりん》しているものだと思うのです。

だからこそ、その限界値を突破するのが人生。**本来は親を超えていいし、親より幸せになっていい。自分の力でいくらでも幸せになれるのです。**

反対に、親を尊敬できない人もいるでしょう。それでも大丈夫です。悩むことはありません。

親を尊敬できないのはごくごく普通のことだから。親を尊敬できるようになるのは、一般的には親が死んでからとか、50、60代になってからではないでしょうか。生きている間に尊敬できたら人生万々歳、くらいでいいのです。

親を尊敬できない理由はちゃんとあります。親は嫌われることで、子どもが成長、成熟していけるからです。たとえば、親が嫌いで家を出ることで、一人で生きていける力が育ったりしますよね。

親を尊敬できても、できなくても、あなたは親より幸せになっていいのですよ。

親孝行は素晴らしい、と思うのは優等生マインド

親孝行は素晴らしい、というのは優等生マインドです。親孝行をしたいと言いながらできていない人も多いし、たんに親孝行したいと言っている自分に酔っているだけの人も見かけます。

私は両親が近くに来てくれましたが、親孝行したいと思ったわけではありません。両親は私の移住先である壱岐島に移住してきてくれたのです。もし私が親孝行をするなら、私が青森に帰ります。

私は子宮委員長はるを始めたとき、親を絶望させました。娘が裸を商売道具にするなんて、親が一番やってほしくないことですよね。親の期待に応えられるような娘にはなれずごめんなさい、と思っていました。

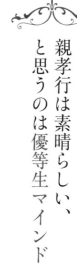

けれど、私には私の目的がありました。親を裏切ったかもしれないけれど、ご先祖様や神様はそれでいいよ、と言ってくれているように思ったのです。

優等生マインドが抜けないと、親孝行をして社会に認められるように頑張ってしまいますが、本当は自分に従ってさえいれば、自然に愛されるのです。

親や社会にとっての優等生になるのではなく、自分のやりたいこと、快楽、至福を感じるものに対して優等生になる。つまり、誰よりも自分に気持ちよさを与えてあげることに対して優等生になれば、他人に愛されようとしなくても、愛されてしまうのです。

よく、自己肯定感が低いのは愛された記憶がないからと言われますが、本当のところは、自分の本音に従うことをせずに、他人に従うことばかり優先するので、どんどん自分を嫌いになるのではないでしょうか？

親孝行は素晴らしいと思っているなら、一回そこから離れて、まずは自分の本音に従うことを徹底しましょう。

結果、自立した状態で親と関わり合えるようになるのです。

世間体や常識を打ち破る瞬発力を鍛える

普段から親の声に対して反発してきた人は、世間体や固定観念といった世間の声を瞬発力で跳ね返せますが、親の声に従ってきた人は世間の声に呑まれてしまいがちです。だからこそ、ちょっとでも「?・?・」と感じたら、いったん立ち止まってほしいのです。

結婚する前のこと、飲み屋で旦那さん側の親戚のような立ち位置のおじいちゃんに呼ばれ、「嫁になるんだったら、俺のタバコに火をつけろ」と言われたことがありました。

そのとき、「年上だから敬《うやま》わなければならない」という常識が頭をよぎって、一瞬火をつけそうになりましたが、とっさの瞬発力で、私も自分のタバコを口にくわえて、「つけてほしかったら、先に私のタバコに火をつけて」と言い返したのです。

権力者かなんだか知りませんが、別に世話になっているわけでもなく、今後世話になるつもりもない尊敬できない相手に媚《こ》びる必要はありません。媚びた瞬間から自分が腐っていくからです。


私たちは、知らず知らずのうちに親に迷惑をかけないようにと、親より小さく生きてしまっているのです。その**呪縛に気づかず無意識に生きていると、なんの疑問も持たずに世間の声を受け入れてしまい、世間の声に従った結果、自分の本音に従わなかったことで、自分を嫌いになってしまう**のです。

怖いかもしれませんが、親の呪縛をぶち破って、親より大きくなりましょう。

その結果、一度は邪魔だった親の影が再び大きくなって、最終的には親への感謝や敬意が湧き出てくるようになる、そんな方向に進んでいけたらいいですね。

子どもは親の呪縛にかかりたがっている

親にかけられた呪縛のせいで自分は不幸になった、という解釈をすると、わが子に呪縛をかけないように、傷つけないようにと、親子のかかわりに必要以上に気をつかってしまいがちになるのではないでしょうか？

私は、かかる呪縛は生まれてくるときに決まっていると思っています。**かかる呪縛を決めて親を選んでいるなら、子どもの成長のためにも呪縛をかけることが必要だと思うのです。**

そもそも呪縛のかからない子どもは存在しません。呪縛があるからこそ、それが人生の宝の地図となり、宝探しができるのです。

おそらく私たちは生まれる前に、「こういうふうになりたい」「これを経験したい」といった目標のようなものを決めてきたと思うのですが、それを思い出すヒントとして、呪縛という形で印をつけたのでしょう。

なぜ、ネガティブな呪縛を印にしたのかというと、人は楽しいことよりもつらいこと、苦しいことのほうが記憶に残るからです。ネガティブなほうが記憶に残るという性質を活かして、そこに感情が湧くことで、それをヒントにたどっていく道しるべのような役割を、呪縛に持たせたのだと思うのです。

そう考えると、子どもには決めてきた呪縛があって、その呪縛にかかりたくて親を選んできた、というほうが正しいのかもしれません。

子どもに呪縛をかけないように育てるなんて、到底無理なことです。今私たちがかかっている呪縛も、親から与えられたプレゼント。親の呪縛をヒントに、傷ついているところに気づいてそこから脱出していくことで宝物が手に入れられるようになっているのが人生ですから、間違った子育てなどひとつもないのです。

怒られたい子には怒ってあげる

なぜそう思えたのかというと、私が産んだ実子と旦那さんの連れ子を育ててみて、子どものタイプがまったく違うと思うからです。

実子は、自分一人の世界を持っているので私がかまいたくなるのですが、連れ子たちは、「かまって、かまって」と、度を越えた「かまってちゃん」なので、かまいたくなくなるのです。その違いを見て、連れ子たちは、自分で「かまってもらえない呪縛」をかけていると感じました。

私は子どもたちにイライラしたときは、ものすごい勢いで怒ります。子どもたちは怒られるとびっくりしますが、それで大人をイライラさせることをやめるのかというとそうではなく、何度でもイライラさせられるので、「怒られたいんだな。じゃあ、怒ってあげる」と思うわけです。

普段はそんな感じですが、子どもたちに何かあったときは絶対味方をすると腹はくくっているので、タイミングが合うときには、「あなたが一番かわいいよ」とちゃんと褒《ほ》めています。

世の中には「怒らない育児」というものもあるようですが、それって菩《ぼ》薩《さつ》アピールだと思うのです。怒られることを選んでいる子どもに、菩薩アピールは必要ありません。

子どもは褒めて愛情をかけないと満たされた状態にならない、と考えるなら、それは親自身が、存在しているだけで自分は愛されているという感覚がわからないからです。何かをやってあげないと子どもは愛されていると感じない、というのは、子どもをバカにしていると思うのです。

世間一般でいわれる「いい子育て」ができないと、自分のせいで子どもを不幸にしてしまったと思いがちですが、子どもがどんな呪縛にかかるかは、子どもに任せていいのです。

生まれてきたときに定められている宝の地図、そこにある才能を発見する旅を邪魔してはいけません。

「親から生まれた私」から「親は私の世界の登場人物」に視点を変える

親の呪縛に苦しんでいるのは、「あんな育てられ方をしたから、私はこうなったんだ」という被害者になっているからです。

でも、そもそもあなたは、目の前にいる母親から生まれたのでしょうか？

本当に目の前の人を、親だと思っている？

だって、母親から生まれたところなんて見たこともないのだから、その人が本当に母親かなんてわからないですよね？　そう思わされているだけだったらどうしますか？

私は、母子手帳も出生届も戸籍も疑っています。かなり野蛮《やばん》な話ですが、**物心がついたときに目の前にいたのが、この女（母）とこの男（父）だったというだけのこと。**顔が似ているのでどう考えてもその二人から生まれたのでしょうが、「この親から生まれた私」になっているから、被害者意識から逃れられないのだと思うのです。

それならどうするかというと、「親は私の世界の登場人物」というふうに、視点をぐるりと変えるのです。肉体的に見るのではなく、魂的に見る感じで、「あ、今世、この人たちが親なのね」という感覚です。

すると、そこからしかスタートできない親の呪縛からの解放の旅だとわかるので、からくりを解こうとする人生が始まるのです。

そのとき初めて、**親の呪縛にかかっている被害者意識から抜けて、親を同じ人間として見ることができるようになります。**

自分と同じ人間で、普通に傷ついて、普通に楽しいこともある人生で、というふうに親を見られるようになると、いろいろなことを親のせいにしていた自分から、「なんでこの親を選んだのだろう?」という視点に変わるので、親の呪縛から解き放たれていくのです。

私たちはすでに親から、幸せになるための秘密を全部もらっているのですね。

物語の展開は最後まで見届ける

私はご先祖様や神様にお願いするときは、「早く幸せになりたいから、めちゃくちゃわかりやすく教えてください」といつも伝えていました。

そのおかげか、めちゃくちゃ嫌なことが起きることも多いのかもしれません。

10年以上前のことですが、最初に働いた会社は、ルールを破ると、男の子が女の子を蹴り上げていて、ブラックどころではなく、ギャングのような会社でした。

世の中にはいい会社もたくさんあると思いますが、私にとってはその会社が初めて勤めた会社で、「会社とはこういうものだ」というイメージが刷り込まれてしまい、もう他の会社に行こうとは思えませんでした。

そのおかげで、自営業の才能を開花させることができたのです。

嫌なことが起きたとき、それはダメなこと、不幸なことと決めつけてしまうと、その後の物語の展開を見ずに終わってしまいます。すると、過去はつらいものになってしまうかもしれません。

たとえば、SNSなどで人気者になってくるとアンチも増えます。ここでアンチが増えてファンが減っても、その後どんな展開になるのか楽しみに待つことができれば、「あのときのおかげで、今の自分がある」と思えるようになります。

けれど、このままアンチが増え続けてたくさんクレームがきたら怖いと思うと、未来も暗くなって、せっかく人気が出てきたのにやめる、ということにもなりかねません。

自分が幸せになるまでのプロセスだと思えたら、何が起きてもその後の物語の展開を楽しめます。

だから、自分が成功するまで待ってあげる、見届けてあげる、その成功体験を持つことで、過去は豊かさに変わるのです。

女の法則
3

過去の自分とパートナーシップを結ぶ

自己否定はなくさない

実家を離れて経済的に自立すれば、親の呪縛から解き放たれると思っている人もいますが、いくら経済的に一人でやっていけるようになっても、本当の自立とは言えません。

「パートナーとうまくいかない」「お金がなくなる不安で働きづめの生活をしている」「独立したいけれど、なかなか行動できない」など、いろいろな悩みや不安を抱えているのなら、それは「親の育て方のせいで不幸になっている」と復讐しているのです。復讐している限り、親の呪縛からは抜けられません。

親の呪縛を解放するには、復讐ではなく、反抗すること。

まず親から抑圧されてきたことに気づいて、それを行動によってぶち破っていくのです。

前章でお伝えしたように、親の呪縛は、何か行動しようと思ったときにそれをせき止める声としてあらわれます。

「あれしちゃダメ」「あんたには無理」「ほんと、ダメな子ね」など、記憶になくても何かしようとしたときに大人たちに言われてきた言葉は、「どうせ何をやってもうまくいかない」「あんなふうになれるわけがない」など、自分を否定し、圧迫し、前に進めなくさせてしまいます。

自己啓発や心理学のテーマで扱われる「自己否定」は、あってはダメなもの、やめないとよくならない、というイメージですが、「自己否定はダメ」という「自己否定している自分を否定している」ことが問題です。

何かするたびに、いつも追いかけてくる自分を否定する声。なぜいつまでも追いかけてくるのかというと、大事だからです。大事だから、しつこく頭のなかで鳴り響くのです。

自己否定はなくさないのが大前提。自己否定は隠してはいけないし、むしろ、豊かさに変えていきましょう。

自己否定の声が聴こえたら、真逆をやって反抗する

自己否定の正体は、親の声、他人（まわりの大人、世間）の声です。 たいていの人は、頭で鳴り響く自分を否定してくる声を自分の声だと勘違いしていますが、自己否定の声は、親の声、他人の声なのです。

なぜ自分のものでもない声が頭のなかに鳴り響くかというと、自分だけの成功の道のりがそこにあるよ、と教えてくれているからです。

では、どうやって自己否定を活かすのかというと、自己否定している声の反対のことをすればいいだけです。

たとえば、何かやってみたいなと思うことに対して「やめとけ、失敗するだけだぞ」という声が聴こえたら、「やる！」というゴーサインです。

考えてみてください。その否定の声は、あなただけの否定の声ですよね。**別の人**

には別の否定の声がある、ということは、その声は「あなた自身からのアドバイス」なのです。高額を払ってあなたを成功へ導くコンサルタントをつける必要はありません。最高の人生コンサルタント、それが自己否定の声です。

ここで、自己否定の声にどう反抗するか、少し例をあげてみます。

「このままではいけない」↓「このままでいい」
「お金がないからパートに出るしかない」↓「お金がなくてもパートに行かない」
「休んではダメだ」↓「休んでやる」
「このままだと置いていかれるから、動かなきゃ」↓「動いてやらない」
「どうしていつもやり遂げることができないんだろう」↓「やり遂げてやらない」
「みんなに合わせられない自分はダメだ」↓「合わせなくていい」
「お金を貯めないと不安だ」↓「貯めてやらない」
「食事はバランスよく食べないと病気になる」↓「好きなものだけ食べていい」

自己否定が発生するほうを選ぶ

自己否定に反抗せず、親の言うことを聞くと自己否定は止まります。

たとえば、「起業をしてみたいけど、お金がないから働き口を探すしかない」という声が出たときに働き口を探す選択をすると、世間的に認められて安心するので、自分を否定する声はやみますよね。否定する声が止まるので、何もせず何も始まりません。

一方で、自己否定に反抗して、自信がなくても起業して仕事を始めてみると、最初のうちは自己否定の声が続きますが、いつの間にか結果が出るでしょう。

あなたには自分で稼げる力があるよ、ということを教えるために、自己否定の声が出ているわけです。

だから、自己否定を止めてはいけません。**自己否定が発生するほうを選ぶ。これが自己否定から現実創造する秘訣です。**

私たちは無意識でいると、親の影響下でしか生きられないので、どこかで一度、親に言われたことに反発し、生き直しをしなければならないのです。

親がやれなかったことをやることが、人生の巻き返しになる。これを思い切りやればやるほど、呪縛から解放されるまでの苦しい時間は短くてすみますし、大きな幸せがやってきます。

とはいえ、生きている限り、親の呪縛から完全に解き放たれることはありません。呪縛にかかっている濃度を変えることはできても、ずっと親の影響下で生き続けるしかないのです。

ただ、濃度が薄くなってくると親への拗ねが終わるので、自分の人生を歩み出せるようになり、お金にも人にも愛されるようになっていくのです。

自分を不機嫌にさせる環境に置かない

自己否定には2種類あると思っています。ひとつは、人と比べて発生する自己否定。もうひとつは、自分の体のなかから自然発生する自己否定。

自然発生する自己否定ならいいのですが、無駄に自己否定が多い人は、わざわざ人と比べて自分を陥《おとしい》れている可能性があります。

なぜそう思うのかというと、以前、家で引きこもってSNSばかり見ていたら、「自分って人気ないな〜」と落ち込んでいる自分に気づき、人の投稿を見て落ち込むのは間違っているな、と思ったからです。

人の投稿は勝手に流れてくるので、見たければ見てもいいのですが、**わざわざ自分を不機嫌にさせる生活環境だとしたら、それはアウト**だと思うのです。

それならば、人と比べる環境に身を置かないこと。SNSの投稿を見て落ち込む人は、見るよりも発信する量を増やしていくのがおすすめ。人と比べるというのは、インプットが多くてアウトプットが少ない状態なので、意識的に発信をしていくのです。自分の世界に集中し始めたら、自ずと結果が出てきますし、流れてくる投稿もなぜか気持ちいいものに変わっていきます。

私は基本、他人のSNS投稿はあまり見ません。ダラダラと見るのは自分に暴力をふるっているのと同じだと思うからです。

それに、こんなことを言うのはなんですが、絶対私より面白い人っていないだろう、と思うので、あまり人の投稿が気にならないのです（笑）。みんなも自分のことをそう思えたらいいですよね。

それでも見たいときは、自分の未来のエッセンスになるようなものがないかな、と探す目的で見るといいでしょう。

この世界は、自分の世界に入ったもの勝ちなのですよ。

タブーを選ぶドキドキ感はゴーサイン

親の目を気にして小さく生きていた自分に気づき、それを打ち破るとき、必ず怖さが出ます。怖さからやっぱり元のさやに戻り、せっかくやってみようと思った気持ちを引っ込めて、やらない選択をする人もいますが、自分の感覚をもっと観察してみてください。

恐怖の裏側には、必ずドキドキがくっついているはずです。私は、そのドキドキを使っているのだと思います。

「親に風俗嬢をしているなんて言ったら、どうなっちゃうんだろ⁉（ハラハラドキドキ）」

「好きなようにお金を使ったらどうなるんだろう⁉（ハラハラドキドキ）」

小さいことでいえば、お弁当を食べるときも、

「副菜もバランスよく食べないと病気になる、と思っているけれど、メインのハンバーグばかり食べて副菜を残したらどうなるんだろう⁉(ハラハラドキドキ)」

こんなふうに、「怖いはゴーサイン」と思って、日常生活のささいなことも含め、ハラハラドキドキしながらやっているのです。


子どもの頃は、誰もが怖いもの知らずでしたよね。毛虫を平気で触ったり、時間を気にせず疲れるまで遊んだり、道端の木になっている果物をとって食べてみたり。それって、無邪気な好奇心からでした。

でも、成長するにつれ、毛虫は怖い、決められた時間までに帰らないと怒られる、道端の木になっているものはとってはいけない、という親の呪縛や固定観念、常識によって、どんどん挑戦できなくなっていったのです。

大人になって私たちは自由になりましたよね。お金も稼げるし、車を運転できたり、新幹線や飛行機にも乗れて、お酒も飲めるようになりました。

もう子どもの頃、親の制限のなかで生きてきた自分とは違うはず。だからこそ、この自由のなかで、奪われてきた無邪気な好奇心をどんどん取り戻していくこと、それが大人になった意味だと思うのです。

なんのために大人になったのか、といえば、自由を駆使《くし》するため。「子どもの頃できなかったことをやるぜ！」と突き進む、そこに大人になった醍醐味《だいごみ》があるのではないでしょうか？ リスクはあっても、徹底的に自分の幸福を追求する選択をすると、「自分を生きている！」と新しい未来が広がっていく感覚になるでしょう。

自分の世界が始まる瞬間

自己否定に反抗し、タブーを突き進むと、あるときから親が応援してくるようになるという現象が起こります。自己否定がある時期は、ぶつかるものがあるので、じつは楽な時期。つらくなるのは、親が応援してくれるようになったときです。

今までは、「反抗しよう」という壁があったのでぶち壊すだけでしたが、**壁がなくなると、自分で決めるしかありません。**ここからは、自分で自分の世界をつくるとき、羽ばたくときなのです。

できるかもしれない、と思って前に進む「未来仮説メソッド」

自己否定の反対をやって越えていくその先にやってほしいこと、それが未来仮説メソッドです。

「これ、やりたいな」と思ったときに、「そんなのできるわけないよ」「失敗したらどうしよう」という自己否定が出てきたときは、「失敗してもいいからやる！」と反抗して進むことをお話しししました。

でも、反抗したものの、また「本当にできるの？」という頭の声が襲ってきて、やっぱり動けないままという人も多いと思います。

その場合、自己啓発では、「私はすごい！　私はできる！」とアファメーションをして自己暗示をかけるという方法を聞きますが、私はなんて乱暴なんだろうと思うのです。

できないのに「できる」と思い込もうとしたら、よけいできない自分に落ち込んだり、失敗を恐れたりして、また自己否定が出てくるのではないでしょうか？

できない自分を肯定するって、不自然ですよね。

それに、無理やり「できる！」とテンションを上げたところで、むちゃくちゃ疲れるだけです。

私はこの方法は採用しません。その代わりにやってきたのが**「できるかもしれない」と、仮説を立ててみること。これが未来仮説メソッドです。**

やったことはないけれど「できるかもしれない」と仮定すると落ち着きます。そして「できるかも」にした途端、「できないかも」が消えて、「やってみないとわからないから、やってみよう！」という気持ちになれるのです。

たとえば、私はプロフィールに「主婦のまま兆を動かす人になりたい」と書いていますが、主婦のまま兆を動かせる人になれるかなんて私もわかりません。

それでも、そこにチャレンジする私をみんなに「見ていてほしい」と思うので、「主婦のまま兆を動かす人になれるかもしれない」と仮定しながら、目の前のことをもくもくとこなしているのです。

感情のコントロールは不自然

一般には、自己否定をしてはいけない、自己肯定感を高めなければいけない、という風潮がありますが、自己否定感も自己肯定感も感情だと思うのです。その証拠に、謎に自分を責めるときもあれば、謎に自分を大好きなときもありますよね。

感情は自然に湧いてくるもの。湧いてきたものは湧かせておけばいいのです。そう考えると、自己否定が止まらないからといって、「できる！　できる！」と無理やり自己肯定をするのは不自然なこと。

シンプルだけど、「できるかも」と思うだけで、自己否定の声に反抗して前に進んでいけるようになりますよ。

自分のダメなところを集める

やりたいことをやる、つくりたいものをつくる。

それももちろん間違ってはいないのですが、そこから進めないのなら、傷ついた過去が足を引っ張っています。

前に進みたいのになかなか進めないと、自分の弱さを隠してできる部分にだけフォーカスする謎のポジティブ信仰になったり、学歴や肩書を売りにしたりする人もいますが、自分のダメな部分を見ずにポジティブな部分だけを見ると、偽りの強さを身にまとうようになり、自分を鈍らせることになってしまいます。

そんなときは、**過去を振り返ってしっかり自分に絶望することが大事。**

以前、すべてがうまくいかなくなって過去を振り返ったとき、私のなかから湧き出てきたのは、**「私はなんでもないんだ。ダメなやつなんだ。むしけらなんだ。ゴミなんだ」**という言葉でした。

みんなの思う「自分ってダメなやつ」とは、誰かと比べた自己評価ではないでしょうか。私のいう「自分ってダメなやつ」とは、過去の思い出から拾った「自分ってたいしたことないな」「本当にダメなやつだなー」という誰とも比べない無能で無力な自分を知ることです。**過去を見て自分にちゃんと絶望すると、「たいしたことないんだから、なんでもやれる!」と内側から力が湧いてきて、チャレンジできるようになるのです。**

庶民だからなんでもできる!

たとえば、王室に生まれ、後を継ぐ立場にあるならば、やりたいことも我慢して定めを生きなければいけないかもしれませんが、私たちは庶民です。

庶民だと思ったら、なんでもできるし、力がみなぎってきませんか?

ちょっとお金持ちの家に生まれたとか、お父さんが有名人とか、反対に、お父さんが犯罪者とか、どうでもいいこと。そうしたことは、この地上の歴史のなかではあまりにも短い期間のことすぎて、気にしている場合ではないのです。

そう思えたら、いい意味で自分のことを小さく見積もれて、なんでも挑戦できるようになれませんか？

無能、無力のゼロ地点に還ることは、自分の現在地を確認するために、とても役立ちます。一生懸命やってきたのに何も実になっていない人はプライドを捨てて、軽くなって一直線に天に向かって伸びてみてください。

うまくいかないのは、誰かのせいでなく、偽りの自分を演じてきた自分に疲れただけ。ポジティブな自分でいなければいけない、誰かの期待に応えなくてはいけない、世間に認められなければいけない……そうやって生きてきたかもしれませんが、それらはすべて偽りです。

そこに気づけたら、本当に自分はダメなやつという証拠集めをしてみましょう。

何もなくても自分を愛せたら、それは自分に対する最大の愛だと思うのです。

呪詛を成立させない「次元変更メソッド」

これまでの人生で、怖いままに目をつぶったまま「えーい！」とチャレンジして目を開けると、「あれ？　景色が変わってる」ということが、何回かありました。

たとえば、壱岐島に移住する際、所持金7000円で4900万円の家を買い、どうやって稼ごうかなと考えていたときのこと。ファンが全員離れてもいいから自分が本気でやりたいことをやろうと決めたところ、その人の子宮の声を聴いて降ろすという「鑑定書」づくりの企画がひらめいたのです。

すべての情熱を注いで告知&宣伝したところ、なんと2週間で1億5000万円売り上げることに。

所持金7000円だったところから、いきなり1億5000万円の世界にきた私は、タイムマシーンのトンネルをくぐってきたかと思うくらい次元が違うところに着地していました。

どうしてこういうことが起こるのか、自分でも説明できなかったのですが、「壱岐島古神道講座」の矢加部幸彦先生の話を聞いて、そのカラクリがわかったのです。

それは、日本神話「古事記」のなかに出てくるイザナギ（男性性・思考）とイザナミ（女性性・子宮）のストーリーにありました。


愛するイザナミを失い、黄泉《よみ》の国まで迎えにいったイザナギは、「黄泉の国の神と相談する間、決して私を見ないでください」というイザナミの願いを破って、黄泉の国の御殿のなかをのぞいてしまいました。

そこで見たものは、遺体にウジ虫が湧いている変わり果てたイザナミの姿。イザナギは恐ろしくなって逃げ出すと、イザナミは「恥をかかせた」と追いかけてきて、「私はあなたの国の人々を1日に1000人縊《くび》り殺します」と言いました。

それに対して、イザナギは「あなたがそうするなら、私は1日に1500人を産みましょう」と応じたのです。

このイザナミとイザナギのセリフ、ここに次元が変わる重要なメッセージが隠されています。普通、「1000人殺してやる」と言われたら、「だったらこっちも、2000人殺してやる」のように同じ次元で答えませんか?

この「1000人殺してやる」は呪詛《じゅそ》(呪い)です。呪詛に対して同じ次元で反応すると、呪詛が成立してしまうのですが、「それなら、1500人産む」という返答は、呪詛に対して噛み合いませんよね。つまり、**まったく違う次元の返答をすると呪詛は成立しない、これを「次元変更メソッド」と名付けました。**

子宮の呪いに対して、噛み合わない返答をする

この次元変更メソッドを自分の体内でやるのです。そもそも子宮とは周りのことなど考えない本音そのもの。**ときには、トラブルを巻き起こす禍事《まがごと》が生まれる場所ですから、子宮を持つ女性は誰もが怨念《おんねん》の存在でもあるのです。それがいい・悪いではなく、女とはそういうふうにできているもの。**

だからこそ、自分が自分にかける自己否定という呪いが出たら、次元を変更して

子宮と思考で自己対話すればいいのです。

たとえば、「私なんて何もできない」（子宮の声・呪詛）に対して、「いや、できる！」「そうだよね。できるはずがないよね」（思考）と同じ次元で反応すると呪詛成立になりますが、「縄跳びできるじゃん」（思考）と返すと、呪詛は成立せず、次元変更できますね。日常レベルでもこれくらいの次元変更が可能になるのです。


私はきっと、いつも自然と次元変更をして、乗り越えてきたのだと思います。

先ほど話した、「鑑定書」づくりですが、これを思いついたとき「ファンに嫌われるかもしれない」という子宮からの自己否定が湧き出ました。けれど、同時に、「でも、好かれたら嬉しいな」と思ったのです。「嫌われるかもしれない」という設定を「好かれるかもしれない世界」に設定し直したのです。

「好かれたら嬉しい」という希望を自分のなかに置いてあげるだけで、嫌われるか、好かれるか、どっちだろうとドキドキワクワクでいっぱいになり、気がつけば「嫌われたらどうしよう」と落ち込んでいた次元から抜け出ていたわけです。だから景色が変わるような現実がやってきたのでしょう。

会社の資金がショートしたときも、今考えると次元変更が起きていました。どうにもならなくなってさすがに落ち込んだ私は、彼（今の旦那さん）に「1億円、足りないんだよね」と相談したのです。すると、旦那さんは「5億円稼ぐ人が、何悩んだふりしてるの？　はい、かんたーん」と声高らかに答えたのです。

1億円足りないと言っているのに、何が簡単じゃ！とムカッとさせられましたが、この次元変更の答えをくれたおかげで、「簡単かもしれない」と思えて、さらにはファンからの融資で温かいお金の循環が生まれるという予想外の感動までプラスされた上で解決できたのです。

前に、自己否定は宝物だからなくしてはいけないと言いましたが、次元変更メソッドは自己否定の美味しい取り扱い方ともいえます。**女性性がかけてくる呪詛に対して、まったく噛み合わない方向で男性性が返答する。**

その習慣をつけることで、自分のなかのすごい才能に気づけるのです。

めんどくさいことはあなたの資源

何か動きたくても「めんどくさい」という声が頭を占めて、結局、動けないことって、ありますよね？

メイクをするのがめんどくさい、部屋の片付けをするのがめんどくさい、人づきあいがめんどくさい、本音を言うのがめんどくさい……。

この「めんどくさい」も、自己否定と同様、昔やりたいことに対して親（大人）から否定されたことをいまだにひきずっているやさぐれです。ということは、自己否定と同じで、めんどくさいと思っている対象は、あなただけがそう思っているわけですから、そこを解決すれば資源になるということ。めんどくさいを解決することが、あなただけの宝の地図となるのです。

じつは、めんどくさいに共通することがあります。それは、「しなきゃいけないこと」「やり方がわからないこと」「自分のため以外のこと」です。これらに対する解決策は、次の通りです。

しなきゃいけないこと↓楽しくできる方法を見つける
やり方がわからないこと↓慣れるまでやり倒す
自分のため以外のこと↓自分のために生きる

私の場合、家事が得意ではありませんでしたが、どうせ毎日やらなければいけないなら楽しくやりたいと思い、重曹やクエン酸を使うナチュラルクリーニングを取り入れてみました。そうしたら楽しくなって、山積みの仕事があるのに、「また、家事やっちゃった！」という状態に（笑）。めんどくさかったことを、やりたくて仕方ない状態にもってこれた自分は、最高だと思っています。

また、自分で仕事を始めたとき、確定申告のやり方がまったく理解できず困惑していましたが、領収書整理を慣れるまでやってみたところ今は大好きになりました。港区のOLに憧れた過去があったので、今は自分の会社で日々の領収書整理を、色付きの仕分けファイルや可愛い付箋《ふせん》を使ったりして楽しんでいます。

自分の世界にめんどくさいを放置しない

私は自分の世界からめんどくさいをなくしたいと思っています。めんどくさいからといって放置して腐らせていくようなものを、自分の世界から減らしたいのです。

そういう気持ちになれないなら、人のために生きている部分があるからだと思います。私も過去に人のために生きて病気になり鬱《うつ》になった経験がありますが、**人のために生きていると、自分の体力を消費してしまいます。**疲れて動けない、という人は、自分のために生きていません。

自己否定でいっぱいになったり、めんどくさくてやりたいことができない自分に違和感があるのなら、自分のために生きてみてください。すべて自分のためだけに生きると意識すると、本当に疲れなくなります。

めんどくさいの解決は、心も体も元気にして夢を叶えること。めんどくさいはあなたの資源です。めんどくさいを解決してあなただけの宝物を手に入れましょう。

「～したい」は魂レベルの栄養

「しなきゃいけないこと」の解決策は、「楽しくできる方法を見つける」ことだと言いましたが、めんどくさい、しんどい、やらなきゃ、と思うことほど、腰が重くて動けないということもあると思います。

子宮委員長はるのときは、主婦の大変さをわからず、子育ても家事も全部旦那さんにやらせたり、モチはモチ屋へと外注信仰していた時期もありました。

でも、離島に移住して、島の人と結婚して気持ちに変化が起きました。

嫁いでも誰にも何にも温かく迎えられず、頼りの旦那さんは家のことも、子どもの世話もしてくれず、かといって家にお金も入れてくれず……、誰も家事も手伝ってくれないなか仕事をして、鬱になりかけたのです。

けれど、他人の子を育てたかった夢を叶えてくれて、家族らしい家族ができて、肌の重ね合いが楽しい夫婦生活も叶えてくれた旦那さんはこれ以上ないプレゼントだと思えたとき、ワンオペは腹をくくろうというマインドに書き換え、つまらないものをいかに楽しくしていくかに尽きると思ったのです。

不快を快に変える

最初から楽しいものが用意されていると思っている人もいますが、つまらないもの、面倒なものがどうすれば楽しくなるのかを自分で工夫するのが大事。自分が住んでいる世界を360度楽しいことに変えるのです。そこは腕の見せ所。否が応でも毎日やらなければいけない家事・育児で、不快を快にできたら、それはいずれ大きな力になり、ビジネスなど他の分野でも発揮していくことになると思うのです。

たとえば、食器を洗っているときも水の流れや泡が落ちるのが楽しかったり、ナチュラルクリーニングで汚れが落ちていく様子を見てドキドキしたり、常に快感のなかに生きているのです。

そうすると、すべては「〜したい」ことだらけになります。片付けをしたい、キレイになりたい、トイレに行きたい、ご飯を食べたい、家族に喜んでもらいたい、商品を宣伝してみんなに届けたい……。この「〜したい」を積み重ねるだけで、心の栄養になり、体は元気になるのです。

12年前、私はひどい鬱病で動けませんでした。死ぬ勇気がなかったので自分に優しいことだけを必死に自分にさせてあげ、「水飲みたい」「まだ寝たい」「休みたい」「(摂食障害の発作があったので)お弁当3つ食べたい」「水2L飲んで吐きたい」といった、自分から湧き出る「〜したい」という欲のままに生きたのです。そうしたら、少しずつ動けるようになり、その積み重ねが私を取り戻してくれたのです。

今、めんどくさくて動けない人は、めんどくさいことに固執せず、いろいろなことに対して「〜したい」を見つけてみてください。**「〜したい」を採用するだけで、自分本来の元気さを取り戻していけるのです。**

未完了の完了で波動を上げる「やったことリスト」

古神道修道士の矢加部幸彦先生の講座のなかで、『古事記』に出てくるアメノミナカヌシが宇宙で初めての言霊《ことだま》をイザナギとイザナミに贈ったと聞きました。その言葉が「この漂える国を　修め固め成せ」だったそうです。

漂える国（未完了）を修め固め成せ（完了）、つまり、**未完了を完了させていくことこそが私たちに与えられた使命で、未完了の完了をしていくとどんどん波動が上がっていきますよ、**と言うのです。

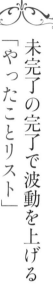

未完了の完了とは、終わっていないことや、やり残していること、後回しにしていることを片付けること。

たとえば、いらないものを捨てて部屋の掃除をしたい、模様替えをしたい、冷蔵庫の野菜室の掃除をしたいなど、面倒だけどやりたいと思っていることは、たくさんありますよね。それらを後回しにしていると、どんどん面倒になって、動けなくなってしまいますが、思い切って「えい、や!」とやってみると、エネルギーの滞りがなくなり、スッキリして、波動が上がるのを感じます。

嬉しいおまけは、お金が巡ってくること。滞りがなくなりいろいろなことが巡り出すので、お金も巡ってくるのです。


そこで、ぜひ試してほしいのが、「やったことリスト」。

洗濯機を回す、洗濯を干す、食器を洗う、ペットの餌《えさ》やり、ベッドメイキング、掃除機をかける、机の上の整理、ゴミ捨て、洗剤を詰め替える、予約の電話をかける……など、どんなささいなことでもいいのでやったことを書き出します。


一見、無駄に見える行為ですが、じつは書き出すことによって「自分は日々、これだけのことをこなしているんだ」と思えるようになり、自己肯定感が上がります。

「やったことリスト」を習慣化していくと、とにかくたくさんノートを埋めたくなるので、面倒で手を出せなかったこともひょいっと軽く手を出せるようになって、どんどんスッキリしていくのです。これは先ほど話した未完了の完了が起こった状態。未完了のものを片付けて完了させることで、波動が上がり、インスピレーションが降りてきたり、夢が叶ったりするのです。

そう考えると、主婦はラッキーですよね。家事はやらなきゃいけないこと、片付けなきゃいけないことの宝庫。**家事には未完了を完了させるゲームがたくさん用意されていると思えば、ゲーム感覚で楽しんでやれますね。**

世の中には、やるべきことや叶えたい願いなどを書いて現実化するやり方もありますが、その方法だとやれなかったことが必ず目について、それを見るたび「できなかった感」が増して、自己肯定感を下げてしまうという落とし穴があるのです。

私は「やったことリスト」を市販の手帳に書いていたのですが、億女大学生の宿題に出したところ好評だったことから、『やったことリスト手帳』（河出書房新社）として出版されました。書き方のヒントも満載ですので、こちらを使って書き込んでみてください。めんどくさいと思うこともサクサクできるようになりますよ。

承認欲求の片付け方

承認欲求というと、「なんで見てくれないの？」「なんでわかってくれないの？」など、他人（外）に向けて放ってしまうことが多く、あまりいいイメージがありませんが、この世の中に承認欲求がない人はいません。

承認欲求も「欲求」のひとつなので、なくなったら死んだと思ってもいいくらいのもの。私たちは欲求があるから生きているのです。

では、**湧き出てくる承認欲求をどう扱えばいいのかというと、外に漏《も》らさず、自分で受け止めればいいのです。**

親の呪縛があると、外側に「私のことを認めてよ」と放ってしまいますが、それはダダをこねている状態。「お菓子買って〜！」と泣きわめいているのと同じです。

でも、満たされることがないと気づけたら「自分で買えばいいや」と、自分が自分の欲求を叶えてあげるよう自分のなかにおさめるのです。

承認欲求とは、自分の本望や本音なので、ことあるごとに出てきます。「褒められたい」「モテたい！」「私だけを見て～」「あのバッグ欲しい」など。

その無邪気さを自分で叶えてあげる、というのが大人だと思うのです。

あらゆる細かい承認欲求を自分で叶えていくこと、それは自分の感覚に常に敏感でいるということです。

日本人は自分の気持ちを表現する教育を受けていませんし、道徳はいかに他人に優しく、他人を理解するかがメインで、上の指示を聞くのが当たり前の社会になっています。自分の話をするのがＮＧな社会にいるので、自分の気持ち（感覚）がわからなくなるのは当然です。

ブログセラピーで、欲を美しく出す

私がこの活動を始めた頃にやっていたことは、１日にブログを何本も書くことでした。認めてもらいたかったのではなく、むしろ見つかりたくないと思っていたの

で、「いいね」とかも欲しくありませんでした。

それなのに書いていたのは、自分の心の整理整頓のためです。今までいい人ぶって、本性や欲を隠して生きてきた分、行き所のない欲の声で自分のエネルギーがパンパンになり、鬱状態に。恥ずかしいけれど、自分の現状がどんな状態か、自分の欲の声を書いて整理するしかない状態だったのです。

欲の声を聴いて、欲にしがみつくこと。これは、グラウンディングするため、そして精神疾患《しっかん》から抜け出るための薬ともなりました。

無意識に生きていると、道徳に沿って欲を封印してしまいがちですが、欲は湧き出るものなので、封じ込めてしまうと、他人に承認欲求をぶつけたりして、下品な出し方になってしまうのです。

だからこそ、今の時代は、欲の美しい出し方、欲の教養が必要だと思います。

では、どうやって欲を美しく出すかというと、自分の心を言語化すること。私がおすすめしているのは、ブログに子宮の声（欲）をつむぎだすブログセラピーです。

私が自分の整理整頓のために自分の欲をブログで書き始めたように、あなたの本音や本望をブログに書き出すのです。

本音や本望はわりと心の深いところにあるので、初めからそこに到達はできません。それでも心を言語化する練習をするのです。

体内から言葉を出すことは、自分の浄化につながるので、体のなかがクリーンになります。 エネルギーのゴミがなくなってクリーンになると、その人の器が大きくなります。

よく器が大きい人、小さい人という表現をしますが、私は器は誰でも大きいと思っていて、その器を使いこなせるかどうかは、置き去りにした過去の傷ついた自分をどれだけクリーンにできたかどうかで決まると思っています。

文法がわからないとか、ボキャブラリーが少ないとかを気にしている場合ではなく、器がゴミでいっぱいになる前に、ぜひブログを書いてみてください。

自分の感覚を再現する練習をする

日常からブログで欲を自然に出せるようになると、自分の感覚に素直になるので、自分のやりたいことがわかってきます。

「やりたいことをやりましょう」という風潮の現代は、「やりたいことがわからない」という悩みを持つ人も多いのですが、自分の感覚がわからなければ、自分のやりたいことなど到底わかりません。

今日食べたいものすらわからないレベルなのに、仕事や人生におけるやりたいことなんて、とっくの昔にわからなくなっていて当然です。

まずは自分の感覚、心を忠実に再現する。そこに才能は関係ありません。

最初は自分のペースでいいので、いい人ぶるのではなく、ブログ自体が「あなた色」のエネルギーで染まるように、子宮の声を言語化していきましょう。

子宮の声がブログにあらわれるほど、本音で生きている人たちと絆を結べるようになるのです。

アンチコメントは愛されている証拠

ブログで自分の欲を出せるようになってくると、アンチコメントが入ることもあります。

その場合は、「うん、そうだよ～」が一番のスルースキル。私はブログを書き始めて12年になりますが、最初はいちいち傷ついていました。

でも、傷つくのはプライドが高かったから。頑張っているのに認めてもらえない、何もわかってないくせにひどい、と思うかもしれませんが、アンチコメントをするというのは、その人が気になるからです。

なぜ気になるかといえば、自分が否定しているところだから。なぜ否定するのかというと、傷つくのが怖くて自分を幸せにすることを避けているからです。

もしアンチコメントを見かけたら、「私に憧れているんだな。羨《うらや》ましいんだな」

と思って100％正解だと思います。要は、愛されているということ。

それに、そもそも私たちは庶民。たいした人間ではないのに、なんかわからないけど、愛されちゃってごめんね〜♡でいいのです。

たとえば、こんな感じで返します。

アンチコメント「それで美容を語れる面《つら》の皮の厚さ、すごいです」

私「私も自分ですごいと思うよ！　全然美人でも可愛くもないのにさ、みんな優しいと思う！」

以前、発信活動を始めた頃に、街角のおじさん占い師に「一人アンチがいたら、その後ろに5000人のファンができる」と言われたことがありました。この言葉は今でも宝物のように大切にしていますが、本当にそうなったのです！

アンチコメントは、あなたがしっかり愛されている証拠なんですよ。

憧れの人は、置き去りにした自分自身

憧れている人はいますか?

ボディラインがキレイでいいな、楽しそうに仕事をしていていいな、幸せそうな結婚をしていていいな、人気があっていいな、など。

憧れている部分は人それぞれですよね。あなたが憧れている部分は、あなたにしか見えません。自分と憧れている人を比べると自己否定してしまいますが、なぜその人は自分の世界に現れたのだろう、と思えたら、それは自分の未来だとわかるはず。**可能性があるから、あなたの世界に現れたのです。**

子宮委員長はるを始めた頃、私はこれから自分の活動がどうなっていくのかまったく予想がつきませんでした。風俗嬢であることをカミングアウトしたことで、社

会での活動はないと思っていましたし、それでお金を稼げなくても、やっぱり自分が思う通りに生きていきたい、その思いだけで活動していました。

そんなとき、心屋仁之助さんのFacebookの投稿に、大きなホールで講演会を開いた仁さんがステージ側から観客席を撮った写真があがってきたのを見て、素直に「うわぁ、すげぇ〜、私もいつかこんなふうになれるかな」と思ったのです。そうしたら、本当に今その景色を見ることができて、あのときの願いが叶っています。きっと、あの頃、仁さんの写真を見てそう思えたのは、未来の自分を知っていたからだと思うのです。

持つ必要のないプライドは捨てる

もし、輝いている人を見て嫉妬《しっと》やひがみが湧き出るなら、持たなくていいプライドがあるからです。「自分だって頑張ってきた！」「必死で学んできた！」といった優等生思考があると、相手の成功を素直に受け入れられません。

優等生思考って他人からの評価ですから、このまま突き進んでもずっと人と比べて自己否定して、自分責めをしてしまうだけかもしれません。

私自身もプライドが高いことを知っていました。だから、風俗嬢であることをカミングアウトしたとき、もう持つ必要のないプライドを持たなくて済むと思って安心したのです。

誰も私のことを信用しないだろう、と思ったところからのスタートだったので、仁さんの写真を素直に見られたのだと思います。


写真や誰かの投稿を見て「いいな〜」だけでなく「イヤだな〜」と思うのも、そこに何かがあるからです。よくも悪くも反応したということは、それはあなただけのもの。その人の何かが気になるから、ファンでもあり、アンチでもあるのです。

あなたの世界に現れた憧れの人、それはあなたのかけら。だから安心して、輝いている人を見ていいのですよ。

誰と結婚しても幸せになれる自分をつくる

パートナーが見つからない、結婚したい相手と出会えない、などいろいろなお悩みを聞きますが、私は結婚できるなら誰でもいい、と思っています。

誰と結婚しても幸せでいられる自分を先につくっておけば、いつでも、誰とでも結婚できるからです。

世間では、理想の男性をイメージしてその望みを放てといいますが、それは、そういう人と出会わなければ自分は幸せになれません、と言っているのと同じです。

誰と結婚してもいざこざは起こりますし、傷つくこともあれば傷つけることもあります。それに、結婚して相手も自分も変わってしまうかもしれません。だったら誰と結婚しても一緒。**どんな状態でも幸せになれる自分をつくっておくと、運命の人と出会えるしくみになっているのです。**

課題を与えてくれる最高の旦那さん

私は今、3回目の結婚ですが、どの結婚相手も運命の人で、白馬の王子様だと思っています。1回目の結婚は、父親がわからない子を妊娠する女と結婚してくれる人なんていないだろうな、と思ったら現れました。2回目の結婚は、セックスを卒業した女と結婚してくれる人なんていないだろうな、と思ったら現れました。3回目の結婚は、狭い島内でよくない噂《うわさ》でもちきりの女と結婚してくれる人なんていないだろうな、と思ったら現れました。

今の旦那さんは、最初、家のことは何もしないし、家にお金を入れるほど稼ぎもなく、ひどい「かまってちゃん」で、海でサーフィンばかりしている男でした。なんの天罰だろう、と涙することもありましたが、「今度はこれが課題ね！　この状況で幸せになれたら、誰もが幸せになれるはず！」と思ったのです。

そうして、主婦であっても、旦那さんといつまでもときめく関係を築きながら、幸せなお母さんになり、幸せにお金を稼げたら、世の中のためになると思い、そのメソッドを伝える「億女大学」が生まれました。

いつも課題がないと生きていけない私に課題をくれて、それをビジネスとして展開するアイデアをくれる旦那さんが現れたわけです。

私はどんな状況でも、最愛の自分に、最高の景色を見せてあげると決めています。

それには、**相手に幸せにしてもらうことをあきらめて、自分で幸せになれる女になればいいだけのこと。**

お金を稼いでくれる人がいいとか、世間的にかっこいい仕事をしている人がいいとか、家事・育児を手伝ってくれる人がいいとか、結婚相手に自分の理想を押しつけるのではなく、理想の自分に届く努力をするのです。

自分が男なら自分を選ぶな、と思えるくらいの自分になれたら、もう相手を探す必要はありません。勝手に理想の男性が現れます。

女の法則
4

幸せの絶景は、
未来への制限を外したところにある

古くて新しい最先端の女の像とは？

「女は家にいればいい」「女は社会進出しなくていい」というと、時代遅れの概念だと、世の女性たちからお叱《しか》りをうけそうですが、じつはとても理にかなっていると思うのです。

これは、「家にいて何もするな」「働くな」という意味ではありません。私はなんでも家でできることを何年もかけて証明してきました。

女性は月経や妊娠、出産、子育て、更年期など体のイベントが多い生き物ですよね。男性と違って体調にバイオリズムがあり、思うように外に出られない時期もあります。それに、そもそも外の世界（社会）は男がつくった世界。**男の世界に出て行くよりは、家で家事も子育てもしながら仕事をしたほうが、体力も温存できてお得だと思うのです。**

いっとき「ワークライフバランス」という言葉も流行りましたが、その言葉自体が「ワーク（仕事）」と「ライフ（家のこと）」は別という前提ですよね。私は、仕事も生活も遊びも同じ円のなかに入っているイメージなので、分けません。それはたぶん、外に働きに行かず、家で仕事をしているからできるのだと思います。

女性が社会ではなく、自分の居場所を自分でつくり、そこで自分を咲かすことができたら、男はいくらでも応援してくれますよ。

女性が家事や育児をおろそかにして仕事にばかり没頭してしまうと、夫婦間に溝ができてしまうことも多いようですが、女性が家にいながら大黒柱になると、男を立てたくなります。男が可愛く見えてくるのです。

メンタル的にも経済的にも、誰にもお世話にならずに生きていける自信が芽生え、「誰に認められなくても困ることはない」という気持ちになると、本来の自分があふれ出します。魅力的になるので、かえって家族からも、お姑さんからも、周りの人たちからも愛されるようになるのです。

女はパートナーを持ち、セックスをしていることが必要

私が提唱するのは、パートナーに愛されて、幸せなセックスがある、可愛い女性のまま億女になることです。お金は稼ぐけれど、パートナーはいません、セックスはしていません、となると可愛げがなくなるからです。

欲しい物やお金を自分の力で手に入れることができても、素直で可愛い女でい続けるには、やっぱりパートナーやセックスが必要。実際、旦那さんからしても、可愛げのある奥さんがお金を稼ぐなら、大歓迎だと思うのです。

女は家にいながら、家事をしながら、育児をしながら、介護をしながら、幸せにお金を稼ぐことができる、これこそ古くて新しい最先端の女性像。女性に優しい生き方と働き方は存在するのです。

望んだものはすべて回す「トルネード作業」

女性は、結婚して子どもができると「主婦か仕事か」と天秤《てんびん》にかけてしまいがちではないでしょうか？

女性たちの意識が、家にいるか仕事をするかということになっているので、ある意味仕方ないのですが、私は、「どっちもやればいい！」と思ったのです。

もし、外でお勤めをしていて家のことができないなら、両立できる環境にいない自分を改めなければいけなくて、主婦か仕事かどちらかをあきらめるという発想が間違っていることに気づけるといいなと思うのです。

やりたいことは全部望んでいいのです！

お母さんもやりたい、嫁もやりたい、妻もやりたい、社長もやりたい、農業もやりたい、神社も手伝いたい、歌手もやりたい……。私は、やりたいことがありすぎて、中途半端になってしまわないか心配でしたが、**タスクをこなすという考え方から、ちょっとずついろいろなものをこなし、時間をかけて完成させるやり方**に変えたところ、やることが増えても回すことができるようになったのです。

私はこれを「トルネード作業」と呼んでいます。くるくる巻いている渦《うず》のなかの真ん中に自分が立ち、円状にやりたいことの種をまいたポットが1個ずつおいてあって、自分の前に回ってきたら水をちょこちょこあげる作業を何回も繰り返すうちに、気がついたら育っているという感じです。この方法なら、いくらでもやりたいことを増やすのは可能。

主婦か仕事かを天秤にかける必要もありません。どちらもするなんて、忙しくなるばかりで無理と思うなら、いろいろなことに遠慮することが増えて気持ちが疲れている、つまり、自分に疲れている証拠です。

自分の在り方を変えれば、そもそも疲れません。在り方ひとつで、何もあきらめず、全部望みを叶える人生になるのです。

やりたくないことがやりたいこと

「やりたいことをやりましょう」というと、やりたくないことには手をつけず、楽にやれることだけをやっていませんか？

私が伝えているのは、「やりたくないことがやりたいこと」です。その理由をお話ししましょう。

本当にやりたいこととは、自分の魂を喜ばせるど真ん中のことで、ど真ん中を通過するときは痛みをともなうのです。それは、トラウマである過去の傷と向き合うことなので、触れないように、起こさないように、避けて生きてしまう癖がついているのです。でも、そこを避けて生きても、奇蹟が起きるわけはありません。

やりたくないことをやるというのは、「飛ぶのは怖いけど飛んだらどうなるんだろう？」という興味から意を決して飛ぶバンジージャンプのような感じ。

たとえば、会社員をやめて思い切って起業してみるのも、バンジージャンプを飛ぶ感じかもしれません。

ただし、評価してもらえなかったからやめる、といったように、今あるしんどいことから逃げられる、変えられると思って起業しても変わりません。

起業したあとも、本心からやりたいことではなく、他人から評価されそうなことを仕事にして苦しくなったりしてしまうからです。結局、ずっと過去に引っ張られ続けるのです。

過去の傷を置き去りにしたままバンジージャンプをすると、怪我《けが》をしてしまうので、気をつけてください。それくらい、自分のど真ん中を選ぶのは難しいもの。

けれど、**目の前にあるやりたくないことをなんとかしようと向き合いながら、ど真ん中を飛んで、本性、本心、本望を解放していったら、人生は面白いことになるのです。**

重いものの無重力化で地上は軽くなる

一般的に、重いエネルギーを感じるもの、ってありますよね。たとえば、お金、恋愛、セックス、嫁、主婦、女……。本音を語ることはタブーとされていて、隠したくなるようなもの。

私はそうした重いものが好き。なぜ重くなってしまったのか、その重いもののフタをあけて、重いものを無重力化することに快感を覚えます。それがこの地上を軽くしていく方法だと思うからです。

重いものを無重力化していったら、自分が満ちていくのは必然です。

私は、「主婦のまま家族と億女」をかかげて、「億女大学」をつくりました。主婦は日本の土台だからこそ、自宅にいながら、家事・育児・介護をしながら、幸せにお金を稼ぐことができる自立した主婦を増やせば、豊かな国がつくれると思うかららです。

「風の時代」は軽さがキーワードで、重いものを手放して軽くしよう、といわれますが、「重いものを避けること＝手放す」というのなら、それはどうしたって逃げの言葉にしか聞こえません。

本当の風の時代の生き方は、重いものを無重力化することだと思うのです。

母であり、妻であり、嫁であり、娘であり、女であること。そこには面倒なこと、嫌なことも含みます。けれど、嫌だからやらないのではなく、嫌なことを自分の世界に存在させないことが大事。私が好きなことしかしていないのは、すべてを好きになるまで工夫するからです。

好きなことしかしない、というのは、嫌なことを好きなことに変えていくこと、不快を快楽に変えることなのです。

女は不快をまるごと楽園に変えられる

今の時代の自己啓発を見ていると、「不快なことはやらなくていい」という風潮を感じます。たしかに、不快だと思うことをいったん排除することは大切です。

たとえば、家事も育児も仕事もイヤだからやりたくないという場合、思い切って全部やめてみて、家でゴロゴロしてみることもいいでしょう。ただ、ずっとそのままでいいわけではありません。

やめたあと、なぜ不快だと思っているのか、自分のなかに湧き出てきた思いを見て、次はどうしていくか行動を決めるために、いったん不快を排除するのです。

不快を排除すればOKと、家事も育児も仕事も手放して、旦那さんのお金で自由に好きなことをしているだけの人生だとしたら、きっとその先には虚《むな》しさしか残らないでしょう。


不快を快楽に転換するには努力が必要になりますが、そもそも女とは快楽や楽園を作るのが得意な生き物。苦労する家事や育児を手放すのではなく、まるごと包んで快楽に持っていく力があるのです。


ですので、不快を避けてばかりいるのなら、女の力を使っていない証拠。

不快なことしか起きなくてムカつくというときは、その不快のなかに必ず次に進むべきヒントが隠れているはずです。

たとえば、「料理をつくりたくない！」と思うなら、いったん料理担当を手放してみると、やりすぎてしまって疲れている自分に気づくかもしれません。その場合、旦那さんや子どもたちに頼ったり、お惣菜を買ってすませたりすると、ときどきつくる料理に張り合いがでたり、料理が好きな自分に気づけたりします。

快楽で生きると魅力的になる

結婚して家事や育児をしていたら、性的魅力がなくなってセックスレスになったという人もいますが、不快を快楽に転換する力が備われば、家事も育児も仕事も楽しくなって魅力的な人間になるのです。

自分だけの世界が広がると、キラキラし始めるので、旦那さんとも不倫でするかのようなときめくセックスが続くでしょう。結婚しても、お金、愛、美という色欲の世界で、カラフルな楽しい生活を送ることは可能。そのためにも、不快なことを快に変える女の力を使っていきましょう。

禍事と幸事はセット

人生はいいことしか起きない、ハッピーなことしか起きない、という人もいますが、人生には波があるので、いいことも悪いこともどちらも起きます。

その波というのも、不定期な波ではなく、美しい一定のリズムがあるように感じます。私の場合は全体的に見たら右肩上がりですが、悪いことの後にはいいことがあり、また悪いことが起きた後にいいことが起きる、の繰り返しです。

その幅がどんどん大きくなり、大きく落ちた分だけ大きく上がるというリズムを描いています。落ちることも知っておくと、落ちたときに乗り越えられるかもしれませんが、ずっと一直線にいいことばかり続くと思っていると、這《は》い上がるのに時間がかかってしまいます。

古神道を教えてくれている矢加部幸彦先生は、そのことを「神道の世界では禍事と幸事はセット」だと教えてくれました。

禍事の頂点に、幸せの種はまかれている

それを実感したのは、移住してから3年後。移住直後は島であることないこと噂を流され、自分の身を守るために別居婚をしていた夫との離婚を決めました。

そのあと、島で私を守ってくれていた元ヤクザの親分と死別し、さらには、元々夫から絶縁宣言をされて、実子にもう会わせないと言われ、一気に離婚でパートナーを失い、死別で恋愛相手を失い、絶縁宣言で子どもを失ったのです。

そんな禍事の頂点のときに、今の旦那さんとつきあい始めたのですが、あまりにも禍事が大きすぎて旦那さんに対して燃える恋愛感情はなく、本当にふつふつとゆっくり温まっていきました。

そうして入籍したのですが、気がつけば、パートナーを得て、旦那さんと恋人のような関係も得て、旦那さんの連れ子三人との暮らしも始まり、おまけに自宅の敷地内につくった輝夜《かぐや》神社をお世話する神職さん（旦那さん）も来てくれて、失った

ものが全部戻ってきたのです。

今考えると、**禍事の頂点のときに、幸せの種はまかれていた**のだと思います。

一番つらい時期に、日本最古の神社といわれているところから日本一新しい神社である輝夜神社に縁あって来てくれた御祭神、下照姫。なぜこんなつらいときに来てくださったのだろうと思いましたが、きっと神様に見守られていると信じて、このつらい状況をぐっと耐えてみようと思ったのです。

一番つらいなかで輝いていた、ひとつの光柱。落ちている間中、そこにしがみついてやりすごし、今やっと厄《やく》明《あ》けの感覚です。

「禍事と幸事はセット」というのは、いいこともOKだし、ダメなこともOKという意味です。いいことはOK、悪いことはNGという思想で自分の世界をとらえてしまうと、いいことがない限り不幸な状態なので苦しくなるでしょう。

つらいことがあっても、必ず幸せが訪れます。だから、禍事の最中は安心して沈んで大丈夫。つらいときにつらさをしっかり感じていないと、もったいないと思うのです。

禍事のなかから次の使命が降りてくる

今、世の中は「生み出し症候群」で、次の企画を出さなきゃいけない、次の事業を考えなければいけない、何かを生み出さなきゃいけないと、ゼロから生み出すことが次々と求められているような気がします。

しかし、私の感覚は「リサイクル脳」。**起きた禍事のなかから次にやることをキャッチする、いわゆるゴミ箱あさりのなかから、いつも次の使命が降りてきます。**

たとえば、ファンだけを集めて自分の舞台をつくるために立ち上げた素人集団の芸能プロダクション「ＭＹ ＰＲＯ38」は、予定していたライブが中止になったところから生まれたものでした。

トラブル続きで、もう歌うのをやめたい、なぜ不快なことばかり起こるのかと落ち込んでいましたが、「やめたらもうずっとチャレンジできなくなるよ。自分の歌くらい自分で守れや、バカタレが」と自分から怒られた気がしたのです。

誘われたら歌うといった、人に依存するスタンスをやめて、自分で自分をプロデュースする、その力があることを教えてくれたのだと思うのです。

ファンのなかには「何ができるかわかりませんが」とメッセージを添えて飛び込んできてくれた方もいますが、私も何ができるかわかりません。

でも、衝動的《しょうどうてき》に感じた、このまま終われない、続きをやらなきゃいけない、という感覚は、禍事のなかから降りてきた次の使命のように感じたのです。

古神道に「禍事を弥栄《いやさか》に」という言葉がありますが、現代語訳なら「絶望から希望を見出す」となるでしょう。

絶望を絶望で終わらせない、そのなかにあなたの使命が隠されているのです。

目標と夢の違い

自己啓発の分野では、目標をノートに書いたり、紙に書いて壁に張ったりなど、目標設定をすることが大切といわれているようです。

でも、それは未来を決めつけていることになりませんか?

もしかしたら、設定した目標以上のすごい未来になるかもしれないのに、目標を設定したことで、可能性を狭めてしまうかもしれないと思うのです。

私は、目標は設定しませんが、夢は見ます。**目標とは、「あれを叶える」「これを叶える」と具体的に手が届きそうなもので、夢とは「こうなったらいいな、ああなったらいいいな」と漠然と広がるエネルギーのような感じ。**

夢を夢のままにするためには、2、3章でお話しした過去の深掘りが大切です。

98ページでもお伝えしたようにしっかり深掘りをすると、「自分はたいしたことないな」という現実を知ることで、「たいしたことないのだから、なんでもできる！」と大きな夢を持てるようになるのです。

しかし、過去の深掘りをしていなかったり、しても中途半端だったりすると、自分に対する期待が邪魔をして現実を見られなくなり、自分を小さく見積もった目標しか設定できません。

楽しく家庭菜園をしていただけで農業に発展

私は初めて壱岐島を訪れたとき、何気なく「この島に住みたいな」と言ったら、知人から「家、あるよ」と言われて、今の家を見に行くことになりました。

不動産屋さんが不在で鍵もなかったため、家の全貌《ぜんぼう》が見える場所から眺めるしかなかったのですが、そのとき、家の周りの空き地も目に入れながら、「家だけでなく、周りの領土（土地）も全部が私のものならいいのに。この辺り一帯を楽園のようにできたらいいのに」と思ったのです。

とはいえ、移住してからまず初めにしたことは、小さな家庭菜園作り。ヒキコモリの私は、スーパーやコンビニに行くのも面倒で、庭や冷蔵庫がスーパーやコンビニだったら体力を使わずご飯を食べていけるのに、と思い、庭を耕して小さな畑で野菜を育てていました。

そうした様子をブログに綴っていたら、ファンも私の野菜作りに興味を持ってくれるようになり、「みんなにも、私の作った野菜を食べさせてあげたいな〜」と思っていたところ、不動産屋さんが「ここ、あなたに案内したいと思って、売りに出さなかったんですよ」と隣の土地が空いた瞬間に声をかけてくれたのです。

畑は農家でないと買えません。そこで、持ち主さんを探してもらえれば、誰よりも高いレンタル料を払うので売らないでほしいと交渉し、その土地にビニールハウス三棟を立てて、野菜を出荷できるようになりました。

また、最近投資家の方とお話しする機会があったのですが、最近は日本の水源が外国人に買われていることから、私が土地を買って壱岐島を守っているとも思われたようです。しかも食糧難が叫《さけ》ばれる時代に、第一次産業に手をつけていることも好ましかったようで、思ってもいない高評価をいただきました。

ヒキコモリで、買い物にいく体力を減らしたくて、家庭菜園がたまたま農業になっただけなのですが、**誰かに認められるために頑張るのではなくて、ただ楽しんでやっているだけで、夢は叶う**と思うのです。

自分を把握している人の「頭の中のお花畑」は広大

よく夢見がちな人のことを「頭の中がお花畑」と表現しますが、私からすると、過去を深掘りせず、誰かに認められるために夢を叶えようとしている人の「頭の中のお花畑」の規模は小さいと思うのです。

過去の深掘りを宝探しのように楽しみ、現実と向き合って、自分に認められるために楽しんでいる人の頭の中には、広大なお花畑がどこまでも続いています。

頭の中のお花畑は、自分を知り、地に足がついてこそ力を発揮できるのです。

日本版引き寄せは、「むすひの思想」

今の現実は願ったり信じたりしていたものが引き寄せられた結果である、という「引き寄せの法則」を学ぶと、望んでいない現実が現れたときに「あ〜、私がこの現実をつくってしまったんだ」と落ち込みませんか？

けれど、矢加部幸彦先生の古神道講座で「神道はむすひ（結び・産霊《むすひ》）の思想です。私たちは、産霊の働きによって成り成っている。西洋思想のようにつくられた存在じゃなくて、生み出されて成ったんだ」という話を聞いて、**「現実は、勝手に結ばれて生み出されていく」のが日本の引き寄せの法則だと思ったのです。**

現実は結びによってどんどん生成されていくものでしかないのなら、起こることはコントロールできませんよね。だったら、こんな現実をつくってしまった、と落ち込むのはナンセンスではないでしょうか。

私自身、壱岐島に移住してしばらく大変な時期が続きましたが、そのとき何をしていたかというと、自分を観察しながら、今起きている現実から何が起こるのかという結びが展開する様子を楽しみました。

前に「禍事と幸事はセット」と話しましたが、どういうふうに人との縁や物事が結ばれて、現実がどう変わっていくのかを見たいと思ったのです。

その感覚は、子どもを産みたい、という子宮の声に従い、実子、じゅんせいを妊娠したときにもありました。「おなかの子はお父さんがいない状況で、どういう現実を生み出していくんだろう」と思っていたら、血がつながっていないのに「お父さんになりたい」という人が現れたことから、現実は思わぬ展開で生み出されていくのだなと思ったのです。

その後、じゅんせいとは離れて暮らすことになりましたが、この子の周りで起こる結びを、この子にぞんぶんに経験させてあげたいと思いました。

壱岐島に移住してしばらくしてから、じゅんせいが壱岐島に遊びにきてくれたことがありました。

そのときじゅんせいに「ママは、じゅんせいかわいい、じゅんせいかわいいって言ってるんだよ」と言うと「聞こえてるよ」と言うので、「めっちゃ毎日言ってるんだよ。全部聞こえてるの？」と聞くと、「全部聞こえてるよ。心のなかで」と言ってくれたのです。

そのとき、「そうか、こんなに離れて会話をしていなくても、ちゃんと伝わってるんだ。私が産んだんだから、当たり前だよね」と思い、親らしいことを何もしてあげられていないと思っていた自分はバカだった、と感じたのです。

未来に起こる予想外を楽しむ

未来をつくるとはいいますが、「自分がつくりあげる」と思うと、子どもに寂しい思いをさせていないかといった心配や、失敗したらどうしようという恐れや制限が出てきて動けなくなってしまいます。

けれど、「産霊の働きで生み出される」のなら、いろいろな物事や人が結び合って、現実世界は自然に生み出されていくのだから、恐れよりも、何が起こるかわからない予想外を楽しもうと思えます。

そう考えたら、ビジネスを始めるときも、稼ぎたいよりもどういう人たちに出会いながら、どんな風にビジネスが育っていくのかが楽しみになりますよね。

日本神話「古事記」の冒頭には、天地が始まるときにタカアマハラに現れた三柱の神様が記されています。その名は、アメノミナカヌシ、タカミムスヒ、カミムスヒ。三柱のなかに二柱も「ムスヒ」と名のつく神様がいることからも、日本という国は、結びの神で成り立っているといえます。

つくったものはいつか壊れますが、結ばれていくものに終わりはありません。**未来永劫《えいごう》、形を変えながら、エネルギー変化を起こして生成されていく、それが「むすひ」です。**恐れや制限を感じているならば、それは「つくる思想」だからです。

日本人なら「むすひの思想」で、自然に起きる現象を楽しみましょう。それが、日本版引き寄せの法則になるのだと思います。

生活をエンタメ化する

私は「生活をエンタメに！」とよく言っていますが、それは、「必要だからする」のではなく、「面白そう、楽しそうだからする」のが基準。

これはヒキコモリの達人ならではの独自哲学なのかもしれません。家のなかにいることが多いので、**外に出たときだけがハレの日ではなく、家のなかで遊べるように、生活そのものをハレの日にしたいと思っているのです。**

たとえば、玄関にあるシューズボックスは私の靴ですでに満杯。めったに履《は》かない観賞用の靴ばかりです。

ドレスルームは、大好きな洋服や靴、帽子、メイク道具などをぎゅっと詰めて、ブティックのようにしていますし、私専用のネイルサロンの部屋もあります。

寝室は、家を神殿に見立てた一番奥の部屋で、神聖な場所に。どんな夢を見たいか自分に問いかけながら、ベッドは最高の寝心地になれるものを選びました。死ぬときはこのベッドで、体力のある時間は絵を描いていたいと思い、使ってもいない油絵具セットをインテリアとして置いています。

2階は、子どもの頃にこんな部屋に住んでみたかった、という憧れの子ども部屋を再現。可愛い家具や机、リボン形のソファなど、女の子が夢見るお姫様のようなお部屋にしました。

他にも、アロマのセットを置くお気に入りスペースがあったり、ナチュラルクリーニングの配合を魔女のように楽しむランドリースペースがあったり、脱衣所には私がプロデュースする美容レーベル「イシュタリアシリーズ」が並んでいたり。

物はあふれていても物の住所を決めれば片付きます。使わないものは捨てるのではなく、「無駄を楽しむ」「家は美術館」など、家にいることが楽しいな、と思えるように生活をエンタメ化しています。

なぜここまで生活をエンタメ化しているかというと、それが自分を満たすことにつながるからです。

必要だから買う、という買い物だと、あたりさわりのない自分の枠のなかだけに収まるので、突き抜けられるわけがありません。でも、なんかわからないけど、面白そう！楽しそう！と思いながらお金を払うと、楽しさに投資したので、買ったものが想像を超えた楽しさとして返ってくるのです。

たくさんお金を使えばいいという話ではありません。**小さくて、安いものでもいいから、五感で未来をキャッチした買い物を心がけてみましょう。**

まずは自分が長い時間過ごす家を、ワクワクするようなもので満たし、生活そのものを楽しむこと。生活に恋することを忘れずにいることは、自分を幸せにするためにとても大切なことです。

生活にかかるお金はケチらない

生活をエンタメ化するにはお金がかかるから、生活費以上を稼がないといけないと思っている人もいるかもしれませんが、私は生活費以上を稼いでいる自覚はありません。ヒキコモリの私は生活が命なので、世界が生活、生活が世界だからです。今手掛けている事業はすべて、生活のなかにあった趣味が大きくなっただけ。だから、「仕事＝生活＝遊び」なのです。

仕事と生活と遊びが別と思っているならば、**生活に関わるお金を存分に使う習慣をつけてみてください。**ハイブランドのお店で値段を見ずに欲しいものを買うのは勇気がいりますが、スーパーなら値段を見ないで欲しいものを買うチャレンジはできますよね。まずはできる範囲からでいいので、自分と折り合いをつけながらチャレンジしていく日を増やしていくのがおすすめ。

そもそも、生活費を削るというのは自分に対しての虐待《ぎゃくたい》です。この体がご神体なのですから、美味しい食べ物、体にいい食べ物を自分に食べさせてあげたり、快適な空調のなかで自分を過ごさせてあげたりして、自分を大事に扱うことは本来当たり前のことなのです。

自分が自分を大事に扱うのはお金もかかるし、面倒なことかもしれませんが、自分にお金を使って自分を大切に扱うと、自分の魅力が開花していくのです。

家は、女優のように喜怒哀楽を楽しむ舞台

生活をエンタメ化して、家が心地よくなると、家がステージで自分は女優のような感覚になります。

ドラマのなかの女優さんは、泣いたり、怒ったり、笑ったり、喜んだり、感情表現が豊かですよね。それと同じように、悲しいことがあったら泣いて、嬉しいことがあったら喜んで、というふうに、家のなかでも舞台で演じているかのように楽しめるようになります。

たとえば、お姑さんとうまくいかなくても、子どもが問題を起こして学校から呼び出されたとしても、そういうシーンをどこかで楽しんでいる自分がいるという感覚です。生活で巻き起こる出来事を楽しんで書いている脚本家の自分がいて、同時に女優のように演じていると思ったら、その瞬間瞬間を楽しめませんか？

一般的には「お母さんは太陽だから、いつも笑顔でいるべき」といわれますが、自分らしくいるためには素直な感情の起伏が大切です。

子どもに悲しい思いをさせたくないからといって悲しいのに笑顔でいると、感情がこじれてしまいます。ポジティブでもネガティブでもよくて、**お母さんは太陽というよりは「震源地」という感じ。**悲しいときは悲しくていいのです。

お母さんが真ん中で悲しんでいると、子どもたちが励ましてくれるというドラマを生みますし、反対にお母さんが笑っていると、子どもたちが学校で嫌な出来事があって落ち込んで帰ってきたとしても、温かく励ましてあげられるというドラマが生まれます。

家族の物語を生むためにも、誰かが機嫌悪くなくてはいけないし、誰かが悲しんでいなければいけないし、誰かが喜んでいなければいけないと思うのです。

まさに、折々の感情で絆が深まっていくのが、家族のシステムです。

感情に素直になる

なぜそう言えるのかというと、感情とご縁の間には関係があるのではないか、と思ったことがあるからです。

以前、風俗嬢をやっていたとき、自分の部屋に風情ある格子窓があり、そこからお月さまが見えていました。お月さまを観察していると、満月のときには優しいお客さんがきて、新月のときには疲れているお客さんがくるループを繰り返していることに気づいたのです。

どうしてそういうことが起こるのだろうと思ったら、満月のときは私の気性が荒くなっているので癒し系のお客さんが入ってくれて、新月のときは私が癒しモードになるので癒してあげられる疲れ気味のお客さんが入ってくれるのだ、と気づきました。

月の満ち欠けには、感情を左右し、ご縁が決まり、物語をつくっていくという力があるのかもしれません。

要は、**感情に素直に自然体でいたほうが自分とのいい絆もできるし、周りともいい絆をつくっていくことができるのです。**

ですから、お母さんは素直に自分の喜怒哀楽を出したほうがいいのです。お母さんが感情をそのまま出していると、子どもたちにとっても悲しいときは悲しいと言っていいし、怒りたいときは怒っていいといった、まっすぐな感情トレーニングになるはずです。

家は、お母さんの舞台ですから、遠慮なく感情を出して女優のように演じてください。家族の震源地になるのは、お母さんです。

安心して生活できる場所から繁栄する

家を心地よくすることの大切さを伝えてきましたが、私が家づくり、部屋づくりにこだわる理由は、家を整えるほどそこに住む人の教養も人生観も広がっていくと思うからです。

将来、ビジネスを広げて大きな家に住んで、と妄想《もうそう》するかもしれませんが、未来に住む家は、結局、今の家の延長線上でしかありません。だったら、今住んでいる場所を完成させることで、次の場所にワープできると思うのです。

今住んでいる家が広いとか、狭いとか、持ち家とか、賃貸とか、築年数とかは関係なく、「ここにはこれ！」という感覚で自分好みのインテリアをそろえて、家を完成させていきましょう。

私が東京で転々とした賃貸の家で買った家具たちは、引っ越したら捨ててしまうかもしれないけれど、それでも自分好みのものをそろえて完成させてきました。

だから、今の家につながったのです。今の家を買ったとき、10年間も人が住んでいない家だったので寂しさに包まれていました。1億5000万円かけてリフォームし、丁寧に端から端までつくり込むなかで、「ここはわたしの家」という意識が各部屋に浸透《しんとう》していったように思います。

今では、家そのものが生命感にあふれパワーがみなぎっていますが、それでも、まだまだ完成していません。それくらい、自分にとって居心地のいい空間づくりに本気で取り組むのは、安心して生活できる家があることが、すべての繁栄につながると思うからです。

パートナーシップや子育て、人間関係に悩んでいる人もいますが、その原因は、家や部屋にあります。**家や部屋は生活に一番密接なところだからこそ、帰りたい家、ずっといたい家に住むことでパワーチャージされ、自分を奮い立たせることができるのです。**家は自分自身。あなたの家を生命感であふれさせてみてください。

知っている未来が願いとなる

願い事が湧いてきたとき、その願い事はどこからきたと思いますか？

願っているというのは、未来を知っているからです。知っている未来が、あなたの願い事となって湧き出てきます。

なぜそう思うのかというと、今の自分が過去を思い出して「ずっとずっと幸せを望んでいいいんだよ。あのとき、立ち上がってくれてありがとう」とエールを送ったとき、未来の自分からそんなことを言われたような気がした日のことを思い出したからです。

20代前半の頃、自分に嘘をついてやりたくない仕事をして、厚化粧をしてつくり笑いをしていた結果、失恋、病気、借金をして絶望を感じ、もういい加減正直に生きたい、自分を信じて生きたいと思いました。

その瞬間、なぜかじんわりとした温かさに包まれているような感覚になったのです。その感覚は、今の自分が過去の自分に送っているエールで、それをあのとき自分はキャッチしていたのだと気づきました。

最近、子宮委員長はるを立ちあげてくれたときの過去の自分に「ありがとう」という回数が増えました。どこに向かって生きているのかもわからず、がむしゃらにただ自分を幸せにするためだけに生き、子宮委員長はるを引退した後は、縁もゆかりもない離島になぜか移住することに。寂しい思いもしましたが、なんやかんやと心の底から満ちている人たちと出会って、島で結婚して家族ができ、両親、妹夫婦も移住して、にぎやかになった今、過去の自分に感謝しかないのです。

それだけ、過去の自分は未来の自分から期待されていたのだな、と思うのです。

人生において進む道を選ぶとき、未来の自分は「こっちに進んで大丈夫だよ」と励ましてくれているのでしょう。そんな過去の自分にエールを送っている未来の自分と出逢いたいから、湧いてきた願いを大事にしたいと思うのです。

最高の家政婦が現れるためにやったこと

いい仕事が巡ってきたらいいな、いい出会いがあったらいいな、とただ待っているだけで、都合よく願いが叶うことを夢見ていたりしませんか？

残念ながらそれで叶う人はほとんどいないでしょう。**私は、叶えたい願いがあれば、自分なりに工夫してできるところまでやってみます。**

島に移住して、私が一番望んだこと、それは理想の家政婦さんと出会うことでした。仕事が忙しくて、家事を家政婦さんにお願いしたかったのです。

最初はファンのなかから家政婦さんを募《つの》っていましたが、私の体は「ママのご飯が食べたい」と思うようになり、まだ両親の移住計画はなかったにもかかわらず、「ママとパパが移住してくれたらいいいな」という思いだけで、家族用の家と車を購入しました。

お金をかけたからといって叶うわけではありませんが、ダメ元でもできる限りのことはして待っていたいと思ったのです。

結婚して、育ち盛りの三人の子どもたちと暮らすようになってからは、家事を楽しくしようと「億女大学」をつくり、子育てに家事に仕事にと主婦業を頑張ってきました。ただ、家族が多いとやることは多くなります。たとえば、お皿を洗う量も多いので、陶器のお皿を人数分洗っていると手が疲れてしまって腱鞘炎《けんしょうえん》になりかけました。

そこで、少しでも楽しようと、陶器のお皿をやめて100円ショップで買ったプラスチック皿に変え、食洗器を使うなど、その時々に自分がどうしたいかを考えて忠実にやっていきました。

そうしているうちに、母は「娘が必要としてくれているなら、動けるうちに役に立ちたい」と言い出し、父も壱岐島に惚《ほ》れてくれて、あっさりと両親が移住してくれることになったのです。

きっと多くの人が、家事をお願いするとしたら、自分の母親にお願いしたいと思うでしょう。子どもの頃食べていた母の味を大人になっても食べることができるのも幸せですし、気心が知れているので、家のことも細かく説明しなくても安心して任せられますよね。

理想の家政婦さんと出会いたい、と思いながら自分なりに工夫していたら、最高の家政婦さんともいえる母が来てくれたのです。

新しい自分と出会うほど、望むものと出会える

彼氏ができない、いいビジネスパートナーと巡り合えないという人は、自分が自分の最高の彼氏に、自分が自分の最高のビジネスパートナーになっていないのだと思います。

自分の力で自分のためにできるところまでやりながら、楽しみや楽することを追求したりして、新しい自分と出会っていきましょう。

まだ出会っていない新しい自分に出会えれば、自然と出会いたい人（こと）に出会えるのです。私はそうやって、欲しい人（もの）と出会ってきました。

男女の関係に限らず、仕事、母業、妻業など何においても、「自分が自分の最高のパートナーになる」覚悟があるならば、あなたを支え、助けてくれる最高のパートナーが現れると思うのです。

自分は1ミリも間違っていない

みんなはよくないこと、つらいことが起こると、自分が間違っていると思って自分の性格を改めようとしますが、変わってはダメなのです。

自分を変えて「○○になりたい」と願っても、それは、過去のイケていない自分を隠したいだけではないでしょうか。

変わりたい未来を夢見るのは、自分に失礼だと思うのです。

そう思ったきっかけは、めちゃめちゃブラックな企業に就職し、踏んだり蹴ったりの毎日で、「もう私は、人に合わせることができない……」と思ったことでした。

社会への失望感とともに、自分で仕事をするしかない、と思ったとき、今まで自分が不幸だったのは自分が間違っている前提で考えていたからではないか、もし自分が1ミリも間違っていなかったらどうしよう、自分の言うことだけ聞いて成功したらどうしよう、というひらめきにワクワクし、「自分を変えずに、自分を大いなる社長にしてみよう！」と思ったのです。

自分のことを疑うから、世の中の成功法則といった知識を入れすぎてしまうのであって、とことん自分の世界を信じれば、外側の知識を学んで自分を変える必要はないのです。

反対に、自分の世界を100％信じていたら、自分を変えずに、外側の知識を効率よく吸収して成功だってできるはず。体の細胞はなんでも知っているからです。

自分をつくっているのは約60兆個の細胞であって、それらはすべて叡智《えいち》の存在。自分の細胞にぴったりの知識が入ってくると、その刺激で細胞が呼び起こされ、知識は自分のものになる、それくらい自分の叡智はすごいという前提です。

けれど、多くの人は成功哲学を学んでも実にすることができません。

それは、自分は間違っているという前提、つまり受け取り拒否が起きているので、何を聞いても、どんな知識を学んでも、拒否する力が働いてしまうからです。

どんな自分になったって、絶対に変わってやらない！　それくらい自分を信じてください。

変わろうとするのをやめて、変わってやらないという信念の先に、本当に変化した自分がいるのです。

必要なものは全部そろっている

自分を変える必要はない、そう気づいたもうひとつのきっかけ、それは妊娠、出産、子育てという経験です。

子どもを身ごもったとき、どんどん大きくなるおなかを見て、赤ちゃんはお母さんが食べるものに関係なく勝手に大きく育つんだと思いました。しかも、生まれてからは自分が必要な栄養を、母体から出させるわけです。

その様子を見て、「これはやばい生き物だな。子どもは一人で宇宙が完結している」と思ったのです。

同時に、自分も同じように生まれてきたのだから、ある程度自分の世界は自分でコントロールできるのではないか、必要なものはもうすべてそろっているのではないかと思いました。

その感覚は大人になるにつれ、忘れていきますが、必要なものは全部そろえて生まれてきたのならば、その世界に還ることもできるはずですよね。

私は、自分に必要なものがすべてそろっているのなら、物事も、人とのご縁も、あとは出会うだけだと思っています。

必要なものとどんどん出会っていって、新しい自分と出会いたい、だから必死に「ここにいるよ！」と発信し続けられるのかもしれません。

自分が赤ちゃんだったときのことを思い出してみてください。必要なものは全部そろっていたはずです。あなたの世界は完璧で、自分を変えずにそのままの自分を信用していいのです。

女の法則
5

女は家で億女になれる

日々の幸せを、大きく見える成功の景色にスライドさせる

最近の私の発信は家事や育児のことが多いのですが、それは大きな幸せは小さな幸せの積み重ねで叶うことを再認識しているからです。

たとえば私にとっては、１００円ショップに行って、子どもたちにぴったりの趣味の可愛いお皿を見つけたり、夕食をつくって家族そろってみんなで食べたりすることは、とてつもなく至福の瞬間です。

そう思えないなら、それは人と比べているからです。せっかく身の回りで嬉しい出来事が起きているのに、ブランドのお皿をそろえている人や、高級レストランで食事をしている人と比べると、たいしたことないことに思えてしまって感動が起きなくなっているのです。

人と比べていたら、ずっと自分にＯＫが出せないままになってしまいます。

私たちは、何か大きな成功や幸せをつかむために、外にばかり意識が向いてしまいがちですが、じつは、**この日々の生活の幸せの景色を大きく見える成功の景色にスライドさせるだけで、大きな成功や幸せがやってくるのです。**

まさか日常の家事や育児が大きな成功に導かれるなんて、思えないですよね。でも、今日の料理が美味しくできただけで幸せ、洗濯がキレイに干せただけで100点満点、子どもたちと遊んで心の底から笑い合えた時間が至福、というふうに、自分の世界を自分で素晴らしいと認められたら、周りは気にならなくなりませんか？**神様や宇宙の視点で見たら、日常で感じた至福も、仕事で1億円を稼いだときの至福も、大きさに違いはありません。**

こんなふうに、自分の世界が自分で完結している状態なら、当たり前に大きな幸せもやってくるのです。

だから私は、生活のなかで遭遇《そうぐう》する嬉しい出来事を、小さな幸せだなんて思いません。規模は関係なく、自分の世界の幸せをたくさん感じているだけです。

私は主婦のまま兆を稼ぎたいと公言していますが、徹底的に日常的な幸せを集めて自分で自分の世界を認めることができたら大きな夢も叶う、と本気で思っているからです。

日常の幸せと、大きな幸せ、それは景色は変わっても、体感や感情は何も変わりません。日々の幸せに100%快を感じて生きていれば、いつか大きな成功や幸せを手にできるのです。

自分に魅了される者が他人を魅了する

影響力がないことを悩んでいる人もいますが、その前に、あなたは、自分に魅了されていますか？

自分に魅了されるとは、自分が自分に影響されているということ。他人に影響されてばかりで、自分に影響されない人生なんて、生きていないのも同然です。

では、**自分の何に影響されればいいかというと「欲」、子宮の声です。**「これやりたい、あれやりたい」という衝動が起きたときに、それをやるか、やらないか決めるのは自分ですよね。

「やる！」と決めている人は、自分が自分に影響されている人、つまり、自分の影響力（子宮の声）に従って行動できる人です。そういう人は、他人にも影響力を与えることができるのです。

自分に魅了されるといっても、壮大なことを考える必要はありません。「あれ食べたい」「これ食べたい」といった日常の欲、衝動、最初はそれを聞いてあげるだけでいいのです。これが、自分を魅了するということ。

私はいつも、ワンピースにエプロン、つばの大き目な帽子という恰好《かっこう》でスーパーに買い物に出かけます。美容の事業も手掛けているインフルエンサーがいつも同じエプロン姿でスーパーにいるのはどうかと思うかもしれませんが、私にとってはエプロンは動けるドレスのような感覚。ときどき、他人はどう見ているのかな、と思うこともありますが、自分にとっての心地よさを優先したいので、「吉野さやかが選ぶファッション」としてヘビーユースしているわけです。

これが自分のために生きるということ。**日常レベルから自分のやりたいことを優先していくと、誰に承認されなくても、自分の幸福度が格段に上がります。**

自分が自分に与えたことが世界から与えられるのですから、自分を満たして自分に魅了されれば、当たり前に他人を魅了するようになるのです。

けれど、子宮の声に耳を傾けず、放りっぱなしにしていた人は、あまりにも麻痺《まひ》しているので、その声が聴こえません。だから、他人を魅了できないし、他人に影響力を与えることもできません。

我慢している人の欲は異常

ちなみに、普段我慢している人の衝動的に出る欲は、正常ではありません。我慢していた人が衝動的に出てきた欲を満たそうとすると、行動した後の罪悪感が激しいので、再び我慢を続ける状態に戻ってしまうのです。

たとえば、いつも値札を見て5000円以内の洋服を買っていることに慣れている人が、「値段に関係なく欲しい服を買おう」と思い立ち、お気に入りの洋服を見つけたので値札を見たところ、30万円だったとします。

悩んだあげく、勇気を振り絞って買ったとしても、「洋服1枚に30万円も使っちゃった……。やっぱりやめておけばよかったかな」と後悔して、いつもの5000円以内の洋服を買う習慣に戻ってしまいます。

その場合、衝動的な欲が出た自分を責めがちですが、欲が悪いのではなく我慢していることがよくないのです。

世の中には、我慢は美徳というイメージがありますが、**我慢とは自分の幸せを他人に預けて、自分が幸せになれないことを他人のせいにしている状態です。**他人に影響されることで自分の幸せを生きる怖さから逃げる腹黒さでしかない、と思うのです。

本物の影響力とは、衝動の向こうにある未経験の恐怖を越えて、自分の欲にとことん影響され、その欲に従ってどれだけ動けたかの結果が外に反映されたものなのだと思います。だから、自分に影響されない人生も、結果的に影響力のない人生も、怠慢《たいまん》だということです。

まさに、自分と自分との一騎打ち。他人がどうでもよくなるくらい自分だけの世界にのめりこむと、「世界がわたし、わたしが世界」と同化し始め、ものすごい振動数を放って、世界は拡大・繁栄していくのです。

家で億女をすることのメリットとデメリット

家で仕事をすることのメリットは、数え切れません。特に女の体に起こるイベント関係は、全部クリアできるのではないでしょうか？

たとえば、外でお勤めをしていると、仕事に合わせて子どもをつくるタイミングをはかったりする必要が出てくる場合もありますが、家で仕事をしているといつ妊娠・出産してもいいし、産休も自由にとれます。自分の具合が悪いときは寝ていればいいし、出勤時間がないから今日の気分で仕事をする、しないも決められます。

また、子どもが学校で具合が悪くなっても、会社を早退せずに迎えに行けますし、熱が出て学校をお休みすることになっても、子どもが寝ている隣で仕事をしながら看病もできます。

そして、**なんといっても家で仕事をするメリットは、子どもたちが学校から帰っ**

てきたときに家にいてあげられるので、寂しい思いをさせなくてすむことではないでしょうか？

私は、母が大好きというタイプではなかったにもかかわらず、母の帰りが少しでも遅くなると、気持ちが不安定になって吐いてしまう子どもでした。父や祖父がいても母がいないと具合が悪くなっていたということは、それくらい母は偉大なのだと思います。

家で仕事をすることのデメリットについても考えてみましたが、思い当たりませんでした（笑）。最初は外出しないと運動をしなくなると思い、わざと二階建ての家を借りて寝室を二階にすることで一日一回は階段を上るようにしましたが、今は家や敷地が広くなったので、必然的に歩かなければならず、運動するようになりました。

なかには、家にいると仕事モードへの切り替えができない、という人もいるかもしれませんが、日常も表現としてSNSで発表する習慣ができると、生活そのものが舞台となってモチベーションをつくることができます。

天職を探すのは、自己評価が低い人

よく「天職を見つけたい」という話を聞きますが、運命の仕事探しをするという発想は、自分に対する評価が低い考え方だと思います。

天職に出会わないと自分には価値がないと思っているからです。

私たちはそもそも運命的に生まれてきているのですから、誰と結婚したって運命の人、という考え方と同様、仕事も身近な生活のなかから見つけたことが運命の仕事であり、天職ではないでしょうか？

「天職に出会わないといけないくらい、あなたは何か悪いことしたの？」と思うんです。きっと望みすぎてこじれているのだと思います。

逆の発想ですが、天職を探しているけれど見つからないという人は、99ページでお伝えしたように、私たちは庶民なのですから、なんでもやってみればいいのです。自分は選ぶ立場にある素晴らしい人間というプライドがあるから、何も手をつけられないのであって、本当は天職はもう身の回りで始まっていることだと思うのです。

私の場合は、庭や冷蔵庫がコンビニだったらいいな、と思って始めた家庭菜園が、今では農業に発展しましたし、美容に興味のなかった私が魔法のクリームと出会ってキレイになることが面白くなり、これは絶対みんなに広めたいという思いだけで、美容レーベルが生まれました。これらはすべて「自分ビジネス」となって育っています。

普通は、仕事のほうに自分を合わせないといけないと思うのですが、「自分ビジネス」は仕事のほうが自分に寄ってきます。

ひと呼吸、ひと呼吸するごとにお金が回る、子どもが育つ、夫婦仲がよくなる、それくらい身近にビジネスの種はあるもの。

天職を探さなくても、なんでも天職になるのです。

自分ビジネスは主婦に優しい

私が提唱する「自分ビジネス」とは、「自分の趣味」のファンに自分がなればいいだけです。

私が持つコンテンツはバラエティ豊かなものになりましたが、どれも身の回りから生まれていったもの。

感動ものの化粧品と出会って広めたい思いで立ち上げた「美神レーベル」、家庭菜園をはじめ壱岐の美味しい野菜を食べてほしくて生まれた「キューピットガーデン」、雑貨で壱岐島の魅力を伝える「ブレスガーデン」、浄化タイムグッズを販売する「魔女の花便り」、生活のなかに信仰を取り入れる「輝夜神社」、家族の健康を守りたくて始めた「ジュエリーサプリセミナー」、主婦の現実創造を目指してつくった「億女大学」など。

「生活＝ビジネス」なので、生活と仕事のオン、オフを分ける必要はなく、自然の成りゆきに任せればいいのです。

自分のなかにあるものをビジネスに活用する

主婦は生活に根付いているので、なんだってビジネスになります。

お掃除が好きなら家事代行サービスもできますし、裁縫が苦手な人に向けて子どもの幼稚園バッグなどハンドメイド商品の販売、お菓子作りが得意なら健康的なおやつの開発をしたりなど、なんだって仕事につながりますね。

家事をたくさんこなしていくなかで、それをそのままビジネスに活かせるのです。

「私には何もない」という人もいますが、何もないのではなくて、自分のなかにあるものを売り物にしていい、ということを知らないだけ。

スキルを学ばないと成功しないということはなく、自分のなかにあるものを活用するのが、自分ビジネスです。

しかも、自分ビジネスが女性に向いているのは、家で仕事ができること。家で仕事をするメリットは先ほど話しましたが、出産や育児でお休みしたいときもあれば、生理やホルモンの関係で一週間以上具合が悪いときも普通にあると思うのです。

また、子どもの授業参観に出席したり、ときには、平日に家族で旅行をしたいときもあるでしょう。

そんなときも、自分ビジネスなら誰に気兼ねすることもなく、自由に自分の裁量で仕事ができます。

「自分を売る」自分ビジネスは、生活の延長です。主婦だからこそ、挑戦できるビジネスなのです。

女のビジネスは、ネガティブから生まれる

主婦脳って、じつは今最先端のビジネス脳なのだと思います。

主婦はそもそも家庭の経営者。男の人は外で働いてきてお金をもらってきておしまいですが、そのお金をどう生かし、どう回していくかは女の人の仕事ですよね。体力班が男性で、頭脳班は女性。家族の経営をするイメージのまま、家計簿を帳簿にするだけで、ビジネスができるのです。

また、一般的には、ビジネスで必要な能力は論理的思考で、感情は仕事の妨《さまた》げになるとも思われていますが、**自分ビジネスは自分から出てきた欲や願いに正直になることで集中力が湧き、他人はどうでもよくなることで成功していくので、ネガティブもポジティブも全部自己開示が大前提。**感情の浮き沈みもビジネスの資源になるので、感情もしっかり利用できます。

ファンへのSOS発信から生まれた地域活性融資企画

男性のつくったビジネスは、常にポジティブでないといけない世界なのだと思います。でも、自分ビジネスはネガティブから生まれることが多いのです。

たとえば、税金1億円を納めなければならないのに、会社のお金も底をつき、どうすればいいのか途方に暮れていたときのこと。

金融公庫が最大8000万円貸してくれるという情報を聞き、資料をそろえて相談に行ったら、男性の担当者から、風俗をやっていたときの話を根掘り葉掘り聞かれて、セクハラを受けているような気持ち悪い感覚になり、こちらからお断りをしました。

断ったのはいいのですが、お金が足りずどうしようもなくなり、ブログで「会社の経営を助けてください」とSOSを出したら、たくさんの人が融資をしてくれて、助けてくれました。

そのことによって、たくさんの人から応援されていて、深く愛されていることを感じました。みんなを巻き込むと迷惑になると思っていたけれど、感謝や喜びを持って自ら巻き込まれてくれる人がいることを知ったのです。

そこから、私の夢だった壱岐島活性化のための「壱岐島プロジェクト」に発展しました。観光農園をつくったり、その隣にカフェをつくったり、複合施設をつくったりと、観光に来た人や移住者、そして壱岐島の人たちが楽しんでくれるような施設やサービスをコツコツつくっている途中です。

その総額は3億円超え。入ってきた金額と出ていった金額を合計すると、6億円超えのお金を回す、銀行にも公庫にも頼らずにファンで循環させる日本初の地域活性スタイルが、ネガティブから生まれました。

ネガティブな感情を嫌い、本当の自分をひた隠しにして、優等生を演じる必要はありません。

人生は感情ありき。感情をそのままさらけ出して、ビジネスができるのです。

人脈は広げるものではなく、出会うもの

自分ビジネスは、家にいながらSNSで質のいい人間関係をつくって広げていくことが大切ですが、人脈を広げようと、新規開拓を目指して営業をかけて、疲れてしまっている人も多いのではないでしょうか？

私は、人脈は広げるものではなく、出会っていくものだと思っています。最初から誰もが自分だけの完璧な広い人脈を持っていて、自分がどう表現していくかで出会うべき人と出会っていく感覚です。

つまり、**最初から出会う人は決まっているのですから、その人たちと出会うために自分の表現の幅を広げていこうとすると安定します。ひたすら自分に集中して、新しい自分と出会っていくことが、自分マーケットを広げていく秘訣です。**

自分を表現する場所、それがＳＮＳです。大前提として、個人アカウントは自分だけの聖域であり、自分の発信基地。ですから、自分のタイムラインを見れば、自分はどんな人かがわかるような状態にしておくことが大切です。

そのためには、自分の哲学や自撮りを発信すること。ちなみに、私は自撮りをするときは、カメラアプリを使っています。素カメラですっぴんをＳＮＳにアップするのは事故だと思うからです。

「アプリのフィルターを使って自分をキレイに見せるのは、ありのままを隠したいから？」と思う人もいるかもしれませんが、**「ありのまま」とは、ごくごく自然にある美欲や表現欲といった欲に従うこと。**

ポーズを決めて、キレイな自分の自撮りと哲学をアップすることで、自分のタイムラインに美学が生まれ、自ずと自分の聖域になっていきます。

自分独自の発信が錨となって土台をつくる

流れてくる他人の投稿を見てＳＮＳに疲れてしまう人もいますが、それは自分の発信量があからさまに足りないのが原因。発信せず受け取るだけだと、情報でいっぱいいっぱいになって具合が悪くなってしまいますから、インプットするだけでなくしっかりアウトプットしましょう。

「こんなことを考えているのは自分だけじゃないか」と思うこともあるかもしれませんが、独自の発信をすればするほど他の人にはないオリジナリティで突き抜けられるようになるので、あなたの発信はあなただけの確固たるものとなり、しっかりした土台となっていきます。

それはときに、「自分一人になっても発信する」という孤独を覚悟することかもしれませんが、**孤独を嫌わず愛するからこそ、周りを気にせず独自の発信で突き抜けることができ、結果、良質な人脈に応援されるようになっていくのです。**

自分の美学が詰まったタイムラインを客観的に見ながら、自分に酔いしれていきましょう。SNS上での自分を表現する聖域を確立することで、そこに同調して応援してくれる人が集まり、出会える人が広がっていくのです。

リアルな自分とアバターの一体化で、世界へ繰り出せる

SNSで発信するときに大事なことは、自己開示をすること。なぜ自己開示が必要かというと、隠したい自分がいると、いくら発信しても広がらないからです。本心では広げたくない自分がいるので、本来出会える人脈にも金脈にも出会えなくなってしまいます。

自己開示を発信して自分のままでいることに集中していくと、リアルな自分とアバター（SNS上の自分）が一致するので、正確にペアリングできるようになります。すると、ネット上のアバターを見てもらうだけで、どういう人で、どういうことをやっている人かが明確になるので急速に影響力を持ち始め、ネットというグローバル規模の世界で求心力を携えながら、アバターが一人歩きしてくれるようになるのです。

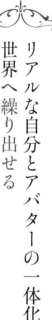

以前、自分ビジネス講座を立ち上げたとき、「世界中の日本人に届くといいな〜」と思っていたら、アメリカ在住の日本人の方からお声がけいただいて、2019年、「自分ビジネス世界会議inサンディエゴ」に招待され、サンディエゴに行くことができました。

この企画の主催者は、私のブログを見てくれていて、なんと壱岐島でのグループコンサルのためだけに、アメリカから壱岐島に来てくださったことのある方。自分ビジネスを世界に広げたいと、私をサンディエゴに呼んでくれて、世界会議で動画収録をするという経験をさせていただきました。

リアルな肉体は休む必要もあるので、24時間365日働くことはできませんが、アバターならいつでもどこでも営業可能。**リアルな自分とアバターの自分が一体化して接続されると、幸せな広がり方をしていくのです。**

自分ビジネスにかかせないSNSだからこそ充実させていきましょう。それが、自分ビジネスを発展させる秘訣です。

他力のサポートが入り出す思考の枠外し

自分ビジネスを広げるには、28ページでお伝えした子宮の声（本音・欲望）をそのまま許可する「脳スルー」が重要です。

男性性は女性性の邪魔をしない、これが子宮の願いを叶える最高の男性性と女性性の関係です。自分ビジネスも「やる」といったことに対して、ただ「やるだけ」なので関係性は同じです。湧き上がってきた欲望に対して、思考でジャッジせずやらせてあげることで、自分ビジネスはどんどん広がっていくのです。

この循環ができるようになると、外の世界から「これやりませんか？」と提案がくるようになります。**子宮の声を脳スルーで叶えられるようになると、「こうしなければいけない」「こんなことしたらなんて思われるかな？」などといった思考の枠が外れて、外に循環の渦が広がっていくからです。大きな循環になるにつれて、**

これまで自力だったものに他力が加わってくるようになるのです。

「何かいい話がこないかな〜」と待っているだけの人もいますが、この循環ができないと、何も始まりません。まずは、子宮の声をそのまま脳スルーしてあげてください。

女ならお金にも男にもたっぷり愛されよう

この循環ができると、お金の巡りがよくなるのはもちろん、最高のパートナーにも出会えます。私の旦那さんは、この理論でいうと最高の男性です。

たとえば、私が「ポルシェほしい！」と言ったら「そういうさやちゃん、好き！」と言われるし、旦那さんとブティックにバッグを見に行ったとき、ある商品を見て「高っ！」と言ったら「さやちゃんは、こっちでしょ」とより高いバッグを勧めて買わされるなど。

無責任ヒーローともいえますが、子宮の声をまったく邪魔することなく、無反応、もしくは、さらに煽《あお》ってきて、なんの障害もなくやりたいことをやらせてくれるパーフェクトな旦那さんなのです。

脳スルーができるということは、自分の命の丸ごとを表現して生きることとも言えますから、生活が豊かになるくらいのお金が巡ることはもちろん、包容力を持った男性と出会えるのは当たり前のことなのです。


女なら、お金にも男にもたっぷり愛されて生きてください。愛されなくてもいいというのは、愛されたことのない人の拗ねです。

女の本音の一番底にある願いは「愛されたい」。**女はどん欲な生き物で、お金にも男にもたっぷり愛されても、そんなものでは満たされなくて、おそらく世界全体に愛されたい生き物。ありのままの丸裸で、世界から愛されたいのです。**

そんな自分を受け入れて、脳スルーな状態になれたなら、自分ビジネスは大きな規模で回り出すのです。

成就する人は、自分自身への敬意を持っている

女ならお金にも男にもたっぷり愛されて生きてほしい、と言いましたが、その大前提は自分自身への敬意があることです。

自分自身に敬意がある人は、相手に「好き」を表現すると、相手からも「好き」が跳ね返ってきて思いが成就します。

しかし、自分への敬意がない人が誰かを好きになっても、相手に敬意を持てないので成就できません。たとえば、夫婦間で、旦那さんのことを見下したり、バカにしたりする女性もいますが、それは自分に敬意がないから。つまり、自分への敬意があるかないかが、そのまま現実世界であらわれるのです。

自分への敬意がないのに、神様に敬意をあらわしても、それはパフォーマンスで

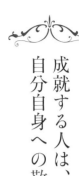

しかなく、嘘になってしまいます。いくら神様の前で祈りをささげても、成就しないでしょう。やはり、まずは自分に敬意を持つことが最優先なのです。

では、**自分に敬意を持つとはどういうことでしょうか？　それは、自分で自分を幸せにする覚悟を持つことです。**

私たちは、他人からしか幸せにしてもらうことができない、と無意識に思っているので、パートナーシップに関しても、ビジネスに関しても、自分を幸せにしてくれるのは、自分以外の誰か、何かだ、と思ってしまいます。

けれど、他人が自分を幸せにしてくれるわけはないのです。

人生とは、目の前に現れた禍事を受け入れて、乗り越えていくもの。どんな状況にあっても、自分の力で幸せになることも不幸になることも選べるのです。

自分への敬意を持てば、何をしたって愛されるようにしかなりません。

地球上のお金は全部私のもの

一般的に、執着や所有はよくないものと思われていますが、それは規模の問題ではないでしょうか?

たとえばみんなが執着するお金。お金がなくならないようにと、貯め込もうとしているなら、使えるお金が少ないと思っているからかもしれません。

私は、お金があったら残らず全部使ってしまいます。それは、世界中のあふれているお金に、いくらでも流れ込んでくるルートをストローのようにさせば、お金は欲しいだけ自分の手元に入ってくると思っているからです。

そのルートとは、自分の経験値や価値観など。自分の世界を信用するほどルートは太くなるので、安心して地球上のお金は自分が動かせる範囲のものと思えるようになるのです。地球を所有している感じですね。

地球は私のものなら、地球上のお金も、地球上の人脈も全部私のものと思える大きな所有意識です。

地球のお金は全部私のものと思えると、反対に、自分の富はみんなの富とも思えるので、自分の富をみんなに配りまくることもできるようになります。ときには騙《だま》されたりもしますが、それでもいいやと思えます。

でも、目の前のことに執着し、その先の大きな富が見えなくなると、所有欲をこじらせて、人から奪ったり、迷惑をかけたりして、結局自分自身も壊れてしまうのです。それは、とても小さな所有意識。

所有がよくないのではなく、所有のレベルが浅いのです。もっと自分の世界を信用して、執着や所有の規模を大きくすればいいだけの話です。

所有規模が広がれば、出会いたい人と簡単に出会える

私は、目に映る世界はすべて自分の世界だと思っているので、自分が大好きなもの、楽しいことは趣味で終わらせない、趣味を絶対仕事にする！と思っています。

その執着心は、誰にも負けない自信があります。

そこまでやらないと中途半端にしてしまうだらしない自分を知っているので、できないことをできるようにしたい、という執着心があるのです。

その執着心のおかげで、自分の世界はどんどん拡大し、不快を快に変えていくことで、幸せもどんどん広がっているのです。

大きなものに執着すれば、チャレンジできる幅も広がって、所有の規模も大きくなります。仕事で出会いたい人と案外簡単に出会えることが多いのですが、それは世界中の人たちも私のものと思っているからだと思うのです。

自分の世界を広げていきながら、執着と所有の規模を大きくして、目の前にくる相手との出会いを楽しんでいきましょう。

そこには想像もつかない絶景が待っています。

お金は生み出すものでなく、動かすもの

よく「お金は生み出すもの」といわれますが、地球のお金は全部私のもの、と思えると、お金は「動かすもの」になります。

そこでイメージしてほしいのが、地球上の水。水はなくなりませんが、新しい水が生まれているわけではなく、水蒸気になって雲になり雨が降り、川の水が海に流れ、というふうに永遠に循環していますよね。

世界規模の水の循環を俯瞰《ふかん》するのと同じように、お金も世界規模で見れば、ただ動いているだけなのです。

動かしているだけですから、マイナスになってもいいわけです。一般的に、借金はよくないというイメージがありますが、プラスもマイナスも循環させることがエネルギーになりますから、むしろとどめておくほうがよくありません。

お金は動かしてさえいれば、プラスでもマイナスでもいいのです。

「今」を逃さずお金を使う

では、どんなときに動かすかというと、欲しいと思ったとき。要は、「今」を逃さないことです。166ページでお伝えしたように、私は青森の両親が移住する前に、壱岐島に両親用の家と車を買っていました。

その頃はまだ、両親が壱岐島に来たこともなく、移住話も出ていないとき。父は田舎の長男で墓守。自分の母（私の祖母）がまだ生きているのに、移住するわけがありません。父がこないなら、母もこないでしょう。

そんな両親の都合とは裏腹に、私の胃袋は故郷の味を切望していて、お母さんにご飯を作ってほしかったのです。

そこで、私はたまたま手元にある3億円を使って、壱岐島の物件と土地を買いあさり、車も買いました。

このとき「今だ！」という感覚がありました。今使わなかったら、きっとちょろちょろといろいろなものにお金を使って結局物件なんて買えなくなるかも、と。ちびちび使って、後悔している自分を思い出したような感覚だったのです。

これを「自分を知っている」というのだと思います。

世間はきっと貯金ができる大人が賢いというのでしょうが、ムダ使いとも思える「今欲しい」「今なら買える」というタイミングを逃さずにお金を使うことで、美しい循環が生まれ、億規模のお金を当たり前に回せるようになるのだと思うのです。

お金は動かすものです。稼ぐためのものでも、生み出すだけのものでもありません。「今」というタイミングを逃さず、どんどん動かしていきましょう。

自分を通して入ってきたお金と出ていったお金の合計、それがあなたの動かしたお金。そこに赤字も黒字もなくて、それだけお金を回せる力を持っている、ということなのです。

「お金は出したら入ってくる」のカラクリ

「『お金は出したら入ってくる』と言われたので、好きなことにお金を使ったけれど、まったく入ってきません」という人がいます。入ってくるあてもないのに、ただ好きなことに使っていたら、お金がなくなるのは当たり前です。

そもそも「お金を出したら入ってくる」という人たちは、全員起業している人たち。会社勤めしている人が真似すると、そのままなくなっていきますから、気をつけてくださいね。

では、起業している人なら、出せば出すだけ入ってくるかというと、そういうわけではありません。正確には、**「自分を出せばお金が入ってくる」です。**

私がブログを書き始めて思ったことは、なんにもない自分でも、これだけ自己開示して自分を出したら、興味を持ってくれる人が一人以上はいる、ということ。

以前の私は、プライドが高くて自分をよく見せていましたが、現実とのギャップに疲れてしまい、自分に嘘をつく生き方に終止符を打つために、約12年前にブログを始めました。

そこでやったことは、自分を包み隠さず出す、ということのみ。ブログを書き始めた頃は、ビジネスにもお金にもまったく興味がなくて、健康と心の幸せが最優先でした。

心身不調でこのまま死ぬのかもしれないと思っていたので、どうせ死ぬのなら、自分のためにありのままの自分の現状を書き出してあげたいと思ったのです。

言えなかった過去や未来をさらけ出すのは怖いけれど、快楽でもありました。快楽的に自分を出していったら病気が治り、心も安定し、体の緊張がほぐれて、お金が循環し始めたのです。

そのとき初めて、「生きるってこういうことか」と思ったのです。

お金の循環はおまけであって、不要なマインドを剝《は》がして自分を出すことにただ一点集中。それが拡大・繁栄につながっていきました。

つまり、快楽的に自分を出すことは、体の欲求を叶えてあげていることになるので、人脈も金脈も巡り出し、勝手にお金が入ってくるようになるのです。

お金を出せば入ってくるというよりは、自分を出せばお金が入ってくる。それがわかっているから、安心して、お金を出すことができるのです。

あなたは自分を包み隠さずに出していますか？

お金を出したのに入ってこないなら、まだ自分をよく見せようとしている部分があるのだと思います。

怖いけれど、自分を出して心を裸にする。自分を出すことが当たり前になるくらいとことんやり尽くし、どんな自分にもＯＫができるようになると、アンチが気にならなくなるので、自分の世界は優しくなります。

優しい世界で自由に自分を出していけば、お金も回り出すのです。

支払いはお祓いであり、感謝

「今月は光熱費が高い！」と文句を言っている人もいますよね。それは、じつは自分をすごく粗末にしていることと同じです。

たとえば、エアコンをたくさん使った場合、気温を調節したことで、あなたは心地よく過ごせましたよね。水があるから手を洗えたり、お風呂に入れたりと自分を清潔に保つことができ、火があるから温かい食べ物を作っておなかを満たすことができます。

光熱費以外でも、服、化粧品、洗剤、ガソリン……すべては自分の生活を豊かにしてくれたものたち。

「払う」と「祓《はら》う」は同じ漢字であることからもわかるように、**お金を支払うことは、不快なものを快に変えてくれるお祓いでもあり、感謝**だと思うのです。

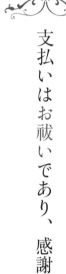

好きな人の商品を買うときも同じで、「欲しい！」と「ありがとう！」という感情が一緒に出てくるから、いくらでも気持ちよく払いたくなるのです。

ただし、払いたくない未払いがありながら、使いたい放題使うのは違います。自分の環境、自分の居場所を持つ責任も覚悟もないのに、「お金は使えば入ってくる」というはやりの言葉に惑《まど》わされて、都合のいい部分だけを切り抜いて、思い切りわがままにしていいと思っているなら、それは勘違いです。

そういう人は、自分が何にどんなふうにお金を使ったか把握していないのではないでしょうか。支払うことに文句が出るなら、感謝がない状態。お金に対する丁寧さがないなら、自分に対しても失礼だと思うのです。

自分を愛せている人は、お金を支払うことが好きで、お金を使った自分自身に感謝できています。それがお金を大事にするということ。感謝があるからこそ、気持ちよく支払うことができるのですよ。

女は責任感があるほど力を発揮する

一般的には、責任感が必要なのは女よりも男、というイメージがありませんか？ 結婚したら家族を養わなければいけない、仕事で成果をあげなければいけない、そんなふうに、世の中の男性たちは、のしかかる責任に押しつぶされているのかもしれません。

一方で、女性もまた、「あれやってくれない」「これやってくれない」と、男に期待をかけ、責任感をあてがっているのだと思います。

そう確信したのは、結婚当初、今の旦那さんが家のこともしない、子どもの世話もしない、お金も家に入れない、趣味ばかり楽しんでいるなど、あまりにもいろいろなことに無責任に見えて（私からそう見えていただけなのですが）、男への期待をどこまでも剝がされ続けたからです。

旦那さんのせいで（おかげで）、私がやるべきことをやり散らかしていたら、いつの間にか責任感の塊《かたまり》みたいになっていた自分に気づき、家事、子育てをしながら、家で億を回せるようになっていたのです。

さらには、旦那さんとの仲がとってもよくなり、深い愛を感じるようになりました。つまり、女は責任感を持つと力が広がっていくし、男は無責任になると愛が大きくなるのだと思います。

本来、責任感を持って生まれているのは女のほうです。女は子どもを産む、産まないなど、肉体的な責任感を最初から持っていますよね。

だから、**女が責任を持つと、もともと生まれ持った力を発揮して自分の世界を広げていくことができる**のだと思います。

男は本来自由な生き物です。けれど、社会で生きるにあたって、「責任感」というスーツが用意され、責任感に抑圧されているのです。

ですので、女が男への期待を捨て、男が無責任で生きることを許したとき、男の愛は大きくなるのです。

女性が下半身を大切にすると、男っぽくなる

女が責任感を持つほど、自分ビジネスは拡大していきますが、それは、女性性と男性性の成熟度合を高めることでもあります。

女性性と男性性の成熟度合が高まれば高まるほど、お金も人脈も回っていきますが、最近、パートナーシップで面白いことが起こりました。

それは、私が今まで頑張って培《つちか》ってきた女というデータを、全部旦那さんに奪われてしまったのです。

どういうことかというと、私のほうが論理的になり、旦那さんのほうが感情的になったのです（笑）。

子宮メソッドでは、女は下半身がしっかり雌《めす》になると上半身は男になるし、男は下半身がしっかり雄《おす》になると上半身は女になると言ったのですが、まさにその現象

が今起こっているのです。

今私の体は、下半身以外、全部男です。責任感があるうえに論理的な力が発揮できるようになったので、仕事もさくさく進むし、事業もどんどん拡大しています。だったら、もう旦那さんなんていらない、と思うかもしれませんが、旦那さんのいいところは夜の肌の重ね合い。それだけで、全部許せてしまいます。

女性は、子宮の声を聴いて、下半身をとことん大切にしておくと、根付く意識の強化につながり、男性性の行動力や決断力で、現実創造ができるようになるのです。

これこそ、女性の隠れた才能発揮。責任感を持つほど、大きな夢に挑戦していけるようになるのです。

おわりに

最後まで読んでいただき、ありがとうございます。

私は2018年に、16年間慣れ親しんだ東京を離れ、船で渡らなければいけない離れ孤島、壱岐島に移住しましたが、年商は東京にいた頃と比較にならないくらいまで跳ね上がり、最高年商は5億円まで達しました。

けれど、気がつけば仕事ばかりしている一人暮らし。年商何億円を稼いだところで、それに見合う温かいパートナーや家族がいないことに愕然《がくぜん》とし、島で結婚することを決意しました。


その後、今の夫であるただしくんと出会いましたが、私自身、これまで発信してきたパートナーシップのデータがすべて吹き飛ぶくらいの印象を受けました。

リセットというよりは、より深くに潜り込んだかのような未知の世界。私は今回の結婚で、パートナーに対して押し付けていた男の理想をすべて取り除いていくと決めていましたが、そこに至るまでに出てくる女の集合意識の恨《うら》み辛《つら》みのなかで、もがき切りました。

ただしくんは、神話にも出てくるレベルの神様が降り立った「男獄神社《おんだけじんじゃ》」の78代目宮司。子宮のことを伝えている私の夫となる人が、男性の象徴ともいえる神社の宮司だなんて、当初は神様のギャグなのかと思いました。

そして実際、島内には「男獄神社」の対の神社として、女性の象徴ともいえる「女獄神社《めんだけじんじゃ》」も存在します。もはや怨念ともいえる女の集合意識の解放は、とても苦しいものでしたが、私自身、78代分の女の恨み辛みを解消している女代表の自覚を持っていて、それもギャグっぽく思えたことがせめてもの救いでした。

でも、その先で私自身が根底から求めていた幸せの絶景を見つけることができたのです。きっと、これもまた女の幸せの集合意識だと思っています。

同時に、知らないうちにいろいろな理想をあきらめていたことに気づけたほど、たくさんの幸せを受け取りました。

私の地元、青森からは両親や妹夫婦が壱岐島に移住してきてくれたこと、そして、ただしくんのお母様や子どもたちが、私を大好きだと思ってくれている空気感のなかで、無事結婚式を終えることができたことなど、今は幸せを感じています。

女性性や女性の解放といわれる時代になりましたが、私が壱岐島に来て感じたのは、じつは男性性や男性も解放される必要があるということ。男性も社会的責任を負わされ、苦しんでいるのです。

そして、本来の男の姿を魅せてくれたのはただしくんでした。私は彼を、日本の最先端男子だと思っています。

おかげで私は女が持つ能力を開花させることができて、今の日本が抱える少子化や物価高騰《こうとう》などの社会問題を解決できる女のライフスタイルを発見することができました。

離島で女の生き方に没頭し、何か糸口が見つかりそうな頃、河出書房新社の飯島恭子さんからお声がけいただき、株式会社チア・アップの出版プロデューサー、RIKAさんが壱岐島を訪れてくれて、『願いはすべて、子宮が叶える』『お金は、子宮が引き寄せる』『恋と愛の進化論』（いずれも河出書房新社）の3部作を出版したチームが再結成し、さらなる深入りバージョン『女の法則』をつくることができました。

久しぶりの再会、嬉しかったです。

女性は、好きな人と結婚し、好きなだけ仕事をして、好きなだけ子どもを産んで、子育てしながらたくさん稼いで、旦那さんに愛されてたっぷりキレイになっていけるのです。

この本を、同じ時代に生きていく女性たちに届けることができたら幸せです。

吉野さやか

吉野さやか

YOSHINO SAYAKA

株式会社あとりえ林檎代表。1985年青森県生まれ。現在は長崎県の壱岐島在住。実業家、美容家、作家、ブロガー。2011年から子宮の声に従って生きる「子宮委員長はる」として活動し、性を中心に自己開示を綴るブログ「子宮委員長はるの子宮委員会」は、1か月450万アクセスに育つ。2018年12月、「子宮委員長はる」を引退。2回目の結婚で「八木さや」となり、結婚式で訪れた壱岐島に魅せられて別居婚を選び、2018年、壱岐島へ移住。自宅敷地を「楽園」と称し、ヒキコモリ生活で、自分だけの楽園づくりを楽しみながら、化粧品、雑貨、畑、神社をプロデュースする。「自分ビジネス講座」は1万人を動員し、アメリカのサンディエゴで開催された「自分ビジネス世界会議」に招待される。2021年、島で一番古い神社の神職と3回目の結婚をし、子ども三人を育てながら、実業家として事業を拡大。主婦革命を起こす「億女大学」を主宰し、独自の視点から幸せの本質を追究。女性が魅力的に生きる方法について発信する。自身の体験に基づいたアドバイスは、年齢問わず多くの女性から支持を得ている。著書に『自己肯定感を底上げする やったことリスト手帳』、「子宮委員長はる」としての著書に『願いはすべて、子宮が叶える』『お金は、子宮が引き寄せる』『恋と愛の進化論』（いずれも河出書房新社）、「八木さや」としての著書に『ヒキコモリの法則』（廣済堂出版）など。

吉野さやかオフィシャルブログ
https://ameblo.jp/sayaringo38/

吉野さやかインスタグラム
https://www.instagram.com/sayaringo.38

家にいながら世界を広げ、どんな望みも叶えていく
女の法則

2023年7月20日　初版印刷
2023年7月30日　初版発行

著　者　吉野さやか
発行者　小野寺優
発行所　株式会社河出書房新社
〒151-0051 東京都渋谷区千駄ヶ谷2-32-2
電話：03-3404-1201［営業］ 03-3404-8611［編集］
https://www.kawade.co.jp/

ブックデザイン　白畠かおり
本文イラスト　吉野さやか
企画・編集　RIKA（チア・アップ）
組版　中尾淳（ユノ工房）
印刷・製本　三松堂株式会社

Printed in Japan
ISBN978-4-309-29320-2